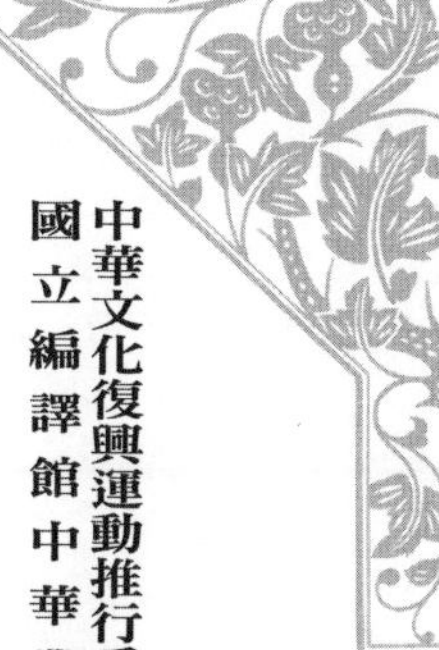

史記今註

(二)

中華文化復興運動推行委員會(國家文化總會)
國立編譯館中華叢書編審委員會 主編

馬持盈 註

臺灣商務印書館

目次

【第二冊】

卷十三　三代世表第一

五帝之時，距離漢代已極古遠，雖有若干歷史資料傳流下來，但已無明確之時間可考，故司馬遷作表，只能從三代敘起，但三代均系出於五帝，既敘三代，自不能不溯源於五帝。所以敘三代之前身，不能不先列五帝之本原，惟五帝無年月可考，故據實論史，不能不標題為三代世表云。

太史公曰：五帝、三代之記㈠，尚矣㈡。自殷以前諸侯不可得而譜㈢，周以來乃頗可著㈣。孔子因史文次春秋，紀元年，正時日月，蓋其詳哉㈤。至於序尚書則略無年月；或頗有，然多闕，不可錄。故疑則傳疑，蓋其慎也㈥。

【註】㈠太史公說：「五帝三代的歷史（記）。」㈡離現在太古遠了。㈢從殷代以前，諸侯（大小部落組織）紛立，沒有方法可以據實登記（譜）他們的事情。㈣到了周代以來，提供我們很多資料，乃有許多事實可以列表登記。㈤孔子根據（因）歷史文獻（史之），敘列春秋時代的歷史，紀其元年，正其時月日，可以說是很詳悉的了。㈥至於孔子序尚書。則簡略而無年月，或者即使有，也常常是殘缺不全，不可以登記（錄）。所以有疑者則仍然傳之以疑，那是孔子治史態度的謹慎啊！

余讀諜記，黃帝以來皆有年數㈠。稽其歷譜諜終始五德之傳㈡，古文咸不同，乖異㈢。夫子之弗論次其年月，豈虛哉㈣！於是以五帝繫諜、尚書㈢集世紀黃帝以來訖共和為世表㈤。

【註】㈠我讀譜諜記載（諜，即牒字，記系謚之書），黃帝以來的事情，都有年數。㈡但是考察（稽）歷代的譜諜與終始五德（謂帝王更迭，以金木水火土之五德為傳授之次序，終而復始，故云終始五德之傳）之傳。㈢古文所記者彼此不同，互相矛盾。㈣孔子所以對於五帝時代不論次其年月，實在是很有道理啊！㈤於是我就以五帝繫諜與《尚書》為根據，搜集資料以記錄黃帝以來，至於周代之共和，作為世表。

帝王世國號	顓頊屬	俈屬	堯屬	舜屬	夏屬	殷屬	周屬
黃帝號有熊。	黃帝生昌意。	黃帝生玄囂。索隱　案：宋衷曰：「太史公書玄囂青陽是為少昊，繼黃帝立者。蓋少昊金德王，非五運之次，故敘五帝不數之耳。」	黃帝生玄囂。	黃帝生昌意。	黃帝生昌意。	黃帝生玄囂。	黃帝生玄囂。

帝顓頊，黃帝孫。起黃帝，至顓頊三世，〔號高陽〕。	昌意生顓頊。為高陽氏。	玄囂生蟜極。	玄囂生蟜極。	昌意生顓頊。顓頊生窮蟬。索隱　系本作「窮係」。宋衷云：「一云窮係，謚也。」	昌意生顓頊。	玄囂生蟜極。蟜極生高辛。	玄囂生蟜極。蟜極生高辛。
帝俈，黃帝曾孫。起黃帝，至帝俈四世。號高辛。		蟜極生高辛，為帝俈。索隱　黃帝曾孫。	蟜極生高辛。高辛生放勛。	窮蟬生敬康。敬康生句望。		高辛生卨。	高辛生后稷，為周祖。
帝堯。起黃帝，至俈子五世。號唐。			放勛為堯。	句望生蟜牛。蟜牛生瞽叟。		卨為殷祖。	后稷生不窋。
帝舜，黃帝玄孫之玄孫，號虞。				瞽叟生重華，是為帝舜。	顓頊生鯀。鯀生文命。索隱　案：漢書律曆志顓頊五代而生鯀，此及帝系皆云顓頊生鯀，是古史闕其代系也。	卨生昭明。	不窋生鞠。

帝王世國號	瑞頊屬	俈屬	堯屬	舜屬	夏屬	殷屬	周屬
帝禹，黃帝耳孫，號夏。					文命，是為禹。	昭明生相土。	鞠生公劉。
帝啟，伐有扈，作〈甘誓〉。						相土生昌若。	公劉生慶節。
帝太康。						昌若生曹圉。曹圉生冥。	慶節生皇僕。皇僕生差弗。
帝仲康，太康弟。						冥生振。	差弗生毀渝。毀渝生公非。
帝相。						振生微。微生報丁。	公非生高圉。高圉生亞圉。
帝少康。						報丁生報乙。報乙生報丙。	亞圉生公祖類。
帝予。索隱　音直呂反，亦作「宁」。正義　相為過澆						報丙生主壬。主壬生主癸。	公祖類生太王亶父。

所滅，后緡歸有仍，生少康。其子予復禹績。							
帝槐。索隱　音回，一音懷。系本作「芬」也。						主癸生天乙，是為殷湯。	亶父生季歷。季歷生文王昌。益《易卦》。
帝芒。索隱　音亡，一作「荒」。							文王昌生武王發。
帝泄。索隱　音薛也。							
帝不降。							
帝扃，不降弟。索隱　古熒切。							
帝廑。索隱　其靳反，又音勤。							

帝王世國號	瑞頊屬	俈屬	堯屬	舜屬	夏屬	殷屬	周屬
帝孔甲，不降子。好鬼神，淫亂不好德，二龍去。							
帝皋。索隱　宋衷云：「墓在崤南陵。」							
帝發。索隱　帝皋子也。系本云：「帝皋生發及履癸。履癸一名桀。」							
帝履癸，是為桀。從禹至桀十七世。從黃帝至桀二十世。							
殷湯代夏氏。從黃帝至湯十七世。							

帝外丙，湯太子。太丁蚤卒，故立次弟外丙。	帝仲壬，外丙弟。	帝太甲，故太子太丁子。淫，伊尹放之桐宮。三年，悔過自責，伊尹乃迎之復位。	帝沃丁。伊尹卒。	帝太庚，沃丁弟。	帝小甲，太庚弟。索隱　案：殷本紀及系本皆云小甲，太庚子。殷道衰，諸侯或不至。

帝王世國號	瑞頊屬	俈屬	堯屬	舜屬	夏屬	殷屬	周屬
帝雍己，小甲弟。							
帝太戊，雍己弟。以桑穀生，稱中宗。							
帝中丁。							
帝外壬，中丁弟。							
帝河亶甲，外壬弟。							
帝祖乙。							
帝祖辛。							
帝沃甲，索隱　系本云開甲。祖辛弟。 帝祖丁，祖辛子。							
帝南庚，沃甲子。							

帝陽甲，祖丁子。	帝盤庚，陽甲弟。徙河南。	帝小辛，盤庚弟。	帝小乙，小辛弟。	帝武丁。雉升鼎耳雊。得傅說。稱高宗。	帝祖庚。	帝甲，祖庚弟。淫。集解 徐廣曰：「一云『淫德，殷衰』。」	帝廩辛 索隱 或作「馮辛」。系本作「祖辛」

帝王世國號	瑞頊屬	佶屬	堯屬	舜屬	夏屬	殷屬	周屬
，誤也。案：上祖乙已生祖辛，故知非也。							
帝庚丁，廩辛弟。殷徙河北。							
帝武乙。慢神震死。							
帝太丁。							
帝乙。殷益衰。							
帝辛，是為紂。弒。從湯至紂二十九世。從黃帝至紂四十六世。							
周武王代殷。從黃帝至武王十九世。							

	魯	齊	晉	秦	楚	宋	衛	陳	蔡	曹	燕
成王誦。索隱 或作「庸」，非。	魯周公旦，武王弟。初封。	齊太公尚，文王、武王師。初封。	晉唐叔虞，武王子。初封。	秦惡來，助紂。父飛廉，有力。	楚熊繹，繹父鬻熊，事文王。初封。	宋微子啟，紂庶兄。初封。	衛康叔，武王弟。初封。	陳胡公滿，舜之後。初封。	蔡叔度，武王弟。初封。	曹叔振鐸，武王弟。初封。	燕召公奭，周同姓。初封。
康王釗。索隱 古堯反，又音招。刑錯四十餘年。	魯公伯禽。	丁公呂伋。	晉侯燮。	女防。	熊乂。	微仲，啟弟。	康伯。索隱 康叔子，王孫牟父也。	申公。	蔡仲。		九世至惠侯。
昭王瑕 索隱 音遐。宋衷云：「昭王南伐楚，辛由靡為右，涉漢中流而隕，由靡承王，遂卒不復。周乃侯其後于西翟也。」南巡不返。不赴，諱之。	考公	乙公	武侯	旁皋	熊黮 索隱 吐感反，又徒感反，又杜減反。鄒氏又作點音。	宋公	孝伯	相公	蔡伯	太伯	

周	魯	齊	晉	秦	楚	宋	衛	陳	蔡	曹	燕
穆王滿。作甫刑。荒服不至。	煬公，考公弟。	癸公	成侯	大几	熊勝	丁公	嗣伯	孝公	宮侯	仲君	
恭王伊扈	幽公	哀公	厲侯	大駱	熊煬	湣公，丁公弟。	疌伯。索隱音捷。	慎公	厲侯	宮伯	
懿王堅。周道衰，詩人作刺。	魏公 索隱系本作「微公」，名弗其。	胡公	靖侯	非子	熊渠	煬公，湣公弟。	靖伯	幽公	武侯	孝伯	
孝王方，懿王弟。	厲公	獻公，弑胡公。		秦侯	熊無康	厲公	貞伯	釐公		夷伯	
夷王燮，懿王子。	獻公，厲公弟。	武公		公伯	熊鷙紅	釐公	頃侯				
厲王胡。以惡聞(過)〔過〕亂，出奔，遂死于彘。	真公。			秦仲。	熊延，紅弟。		釐侯				

共和，二伯行政。索隱　周、召二公共相王室，故曰共和。皇甫謐云：「共伯和干王位」，以共國，伯爵，和其名也。干王位，言篡也。與史遷之說不同，蓋異說耳。
武公，真公弟。
熊勇。

（本表後，有褚少孫加進去的一段話，非司馬遷史記之本文，無錄讀之任何價值，故刪之，以免混亂正史。）

卷十四　十二諸侯年表第二

篇名十二諸侯，而實際所敘述者則有十三諸侯，因其中之吳國稱霸在後，故也。

太史公讀春秋曆譜諜㈠，至周厲王，未嘗不廢書而歎也㈡。曰：嗚呼，師摯見之矣㈢！紂為象箸，而箕子唏㈣。周道缺，詩人本之衽席㈤，關雎作。仁義陵遲㈥，鹿鳴刺焉㈦。及至厲王，以惡聞其過，公卿懼誅而禍作，厲王遂奔于彘㈧，亂自京師始，而共和行政焉。是後或力政，彊乘弱㈨，興師不請天子。然挾王室之義㈩，以討伐為會盟主，政由五伯㈡，諸侯恣行，淫侈不軌㈢，賊臣篡子滋起矣㈢。齊、晉、秦、楚其在成周微甚，封或百里或五十里。晉阻三河，齊負東海，楚介江淮，秦因雍州之固，四海迭興，更為伯主，文武所褒大封，皆威而服焉。是以孔子明王道，干七十餘君㈣，莫能用，故西觀周室，論史記舊聞，興於魯而次春秋，上記隱，下至哀之獲麟，約其辭文，去其煩重㈤，以制義法㈥，王道備，人事浹。七十子之徒口受其傳指，為有所刺譏褒諱挹損之文辭不可以書見也。魯君子左丘明懼弟子人人異端，各安其意，失其真，故因孔子史記具論其語，成左氏春秋。鐸椒為楚威王傅，為王不能盡觀春秋，采取成敗，卒四十章，為鐸氏微⑰。趙孝成王時，其相虞卿上采春秋，下觀近勢，亦著八篇，為虞氏春秋。呂不韋者，秦莊襄王相，亦上觀尚古，刪拾春秋，集六國時事，以為八覽、六論、十二紀，為呂氏春秋。及如荀卿、孟子、公孫固、韓非之徒，各往往捃摭春秋之文以著書⑱，不可勝紀。漢相張蒼曆譜五德⑲，上大夫董仲舒推春秋義，頗著文焉⑳。

【註】㈠春秋曆譜諜：自古為《春秋》學者，有年曆、譜諜之說，故杜元凱作《春秋長曆》及《公子譜》。〈藝文志〉有古帝王譜。可見古時有年曆譜諜之史料，司馬遷當時猶及讀之，至後代而闕失耳。譜諜：即譜牒，譜系也。譜者，籍錄也，凡籍錄人、物，而詳列其次序者，皆謂之譜，如家譜、年譜、食譜、棋譜，皆是也。㈡廢書而歎：有所感，暫時停讀而歎息。㈢師摯：魯太師之名。周道衰微，鄭衛之音作，正樂廢而失節，魯太師摯識關雎之聲，首理其亂也。㈣象箸：象牙筷子。唏：音希、哀歎、哀而不泣。㈤衽席：寢處之所。㈥陵遲：衰替、廢弛。㈦鹿鳴：《詩經》篇名，諸

侯間宴飲之詩。㈧彘：地名，在河東，後為永安縣。㈨力政：即力征，以武力相征服。彊乘弱：強者騎在弱者的身上，即強者欺壓弱者。㈩假借王室的名義。⑪五伯：即五霸。⑫不軌：不守法度。⑬滋起：多起，紛然而起。⑭干：求用。⑮煩雜重複。⑯以制定大義與法度。⑰鐸氏微：書名，鐸椒所著。採集春秋時事，說明其成敗得失之原由，故曰《鐸氏微》，鐸氏之微言大義也。⑱捃摭：拾取，採取。捃，音郡（ㄐㄩㄣˋ）。摭，音直（ㄓˊ）。⑲張蒼著《終始五德傳》。⑳董仲舒，著《春秋繁露》、精言奧義，往往而在。

茲將全文之大意，譯述如下：

太史公讀《春秋曆譜諜》，到了周厲王的時候，心中感慨甚多，不由得要輟書而歎。說道：唉！魯太師摯可以說是有先見之明了（魯國益衰，三桓僭妄，太師摯等知大亂將至，故離開魯國，適齊蹈海以避亂）。昔者，紂王作象牙筷子，而箕子悲哀，因為箕子覺得紂王既作象牙筷子，就必然要作玉石的酒杯，這是酗酒者的一貫作業，所以箕子悲傷。周道缺失，詩人以衽席之所的私生活為本而作〈關雎〉，所以糾正鄭衛之音的社會風氣也。仁義敗壞，而〈鹿鳴〉之詩所以表示諷勸之意。到了厲王，因為厭惡聽到別人說他的過失，公卿大臣們怕的受誅戮，大家都不敢說，所以禍殃便發作了，厲王也出奔於彘地，京師開始混亂，而由周、召二公聯合主持政治，所謂「共和行政」是也。從此以來，諸侯以武力相征服，強大的國家欺壓弱小的國家，興師動眾也不請命於天子。但是，他們常常假借王室的名義，以討伐叛亂為會盟之主，政令由五霸操縱，諸侯們肆意妄行，荒淫奢侈，不守法度，於是亂臣賊子紛然而起了。齊國、晉國、秦國、楚國，在西周之時，都是些微小的國家，封土或百里或五十里不等。以後晉國靠著三河的險阻，齊國負恃東海的僻遠，楚國憑仗江淮的夾介，秦國根據雍州的堅固，所以他們交互輪替，更為霸主，以前文王武王所褒封的大國，現在都害怕他們而屈服了。孔子明先王之道，周遊天下，徧求七十多個君主，但是都沒有能用他的，所以他到了西方，參觀周室的圖書，論列歷史的記錄與舊日的故事，以魯國為主體而編輯《春秋》，上記隱公，下至哀公之獲麟，簡約其文辭，刪去其重複，以制定大義與法度，可以說是王道大備而人事和洽。七十幾個大弟子們都受了孔子親口的傳授，不過因為所講的內容，對於當時諸侯都有些褒貶刺激的批評，所以不能詳細的見之於書面文字。以後，魯國有一位君子名叫左丘明者懼怕弟子們人人各持異端，各執己見，失去了歷史的真相，所以根據孔子史記詳細的論述孔子所講的話，作成了一部《左氏春秋》。鐸椒為楚威王師傅，為的是楚王不能全部的看完春秋（楚之春秋，不一定是孔子所述的魯之春秋，因各國各有其己國之春秋也），所以他便採取成敗歷史，完成為四十章，其書名為《鐸氏微》。趙國孝成王的時候，其輔相虞卿上采《春秋》的記錄，下觀近代的時勢，也著作八篇，書名為《虞氏春秋》。呂不韋者，是秦國莊襄王之輔相，也是上觀尚古，刪取《春秋》，集合六國時事，以為〈八覽〉、〈六論〉、〈十二紀〉，為《呂氏春秋》。其他如荀卿、孟子、公孫固、韓非之徒，各自往往拾取《春秋》的文章以著書，很多很多，不能盡舉。漢朝的宰相張蒼曆譜五德，上大夫董仲舒推演《春秋》的意義，著了不少的文章。

太史公曰：儒者斷其義，馳說者騁其辭，不務綜其終始；曆人取其年月，數家隆於神運，譜諜獨記世謚，其辭略㈠，欲一觀諸要難㈡。於是譜十二諸侯，自共和訖孔子，表見春秋、國語學者所譏盛衰大指著于篇，為成學治古文者要刪焉㈢。

【註】㈠太史公說：儒者對於《春秋》，只是斷章取義；遊說者，對於《春秋》只是縱橫其辭令，不專一考核事情的終始；治曆法的人，對於《春秋》只是取其年月；陰陽術數之家，對於《春秋》只是重視其神運；治譜諜者，對於《春秋》只是記其世謚，他們的說辭都是很簡略的。㈡要想全部觀察諸種事務的要點，是很困難的。㈢於是譜列十二諸侯，自共和時代至於孔子，以年表的方式，把研究《春秋》及《國語》之學者所探考（譏）之盛衰大旨，著之於篇，提其綱要，刪其煩複，以供成學之人與治古文者的參考。

公元前841

	周	魯	齊	晉	秦	楚	宋	衛	陳	蔡	曹	鄭	燕	吳
庚申	共和元年 集解 徐廣曰	真公濞 索隱 系本作	武公壽 索隱 太公五	靖侯宜臼 索隱 唐叔五	秦仲 索隱 非子曾孫，公	熊勇 索隱 楚，芊姓，粥	釐公 索隱 微仲六代孫，	釐侯 索隱 唐叔七代孫，	幽公寧 索隱 胡公五	武侯 索隱 蔡仲五代孫也	夷伯 索隱 名喜，振鐸六		惠侯 索隱 召公奭九世孫	

：「自共和元年，歲在庚申，訖敬王四十三年，凡三百六十五年。共和在春秋前一百一十九年。」索隱宣王少，周召二公共相王室，故曰共和。宣王，

「慎公摯」。鄒誕本作「慎公嘷」，真公，伯禽之玄孫。十五年，一云十四年

代孫，獻公子也。宋衷曰：「武公十年，宣王大臣共行政，號曰共和，十四年，宣王即位。」十年

代孫，厲侯之子也。宋衷曰：「唐叔已下五代無年紀。」十八年

伯之子。宣王命為大夫，誅西戎也。四年

熊之後，因氏熊。熊勇，熊延之子，熊繹十一代孫。七年

厲公之子也。十八年

頃侯之子。頃侯賂周，始命為侯。十四年

代孫。十四年

。二十三年

代孫也。二十四年

也。立三十八年。二十四年

周	厲王之子也。徐氏云：「元年至敬王四十三年，凡三百六十五年。共和在春秋前一百一十九年也。」厲王子居召公宮，是為宣王。王
魯	
齊	
晉	
秦	
楚	
宋	
衞	
陳	
蔡	
曹	
鄭	
燕	
吳	

834	835	836	837	838	839	840	
			甲子				
八	七	六	五	四	三	二	少，大臣共和行政。
二十二	二十一	二十	十九	十八	十七	十六	
十七	十六	十五	十四	十三	十二	十一	
七	六	五	四	三	二	晉釐侯司徒元年	
十一	十	九	八	七	六	五	
四	三	二	楚熊嚴元年	十	九	八	
二十五	二十四	二十三	二十二	二十一	二十	十九	
二十一	二十	十九	十八	十七	十六	十五	
二十一	二十	十九	十八	十七	十六	十五	
四	三	二	蔡夷侯元年	二十六	二十五	二十四	
曹幽伯彊元年	三十	二十九	二十八	二十七	二十六	二十五	
三十一	三十	二十九	二十八	二十七	二十六	二十五	

	833	832	831	830	829	828
周	九	十	十一	十二	十三	十四 宣王即位，共和罷
魯	二十三	二十四	二十五	二十六	二十七	二十八
齊	十八	十九	二十	二十一	二十二	二十三
晉	八	九	十	十一	十二	十三
秦	十二	十三	十四	十五	十六	十七
楚	五	六	七	八	九	十
宋	二十六	二十七	二十八	宋惠公覸元年 索隱覸音閑。又音覸下板反。	二	三
衛	二十二	二十三	二十四	二十五	二十六	二十七
陳	二十二	二十三	陳釐公孝元年	二	三	四
蔡	五	六	七	八	九	十
曹	二	三	四	五	六	七
鄭						
燕	三十二	三十三	三十四	三十五	三十六	三十七
吳						

827 甲戌	826	
宣王元年	二	。索隱二相還政，宣王稱元年也。
二十九	三十	
二十四	二十五	
十四	十五	
十八	十九	
楚熊霜元年	二	
四	五	
二十八	二十九	
五	六	
十一	十二	
八	九	
三十八	燕釐侯莊 索隱徐廣云一無「莊」字。案：燕失年紀及名，此言「莊」者，衍字也。 元年	

	825	824	823	822	821
周	三	四	五	六	七
魯	魯武公敖元年	二	三	四	五
齊	二十六	齊厲公無忌元年	二	三	四
晉	十六	十七	十八	晉獻侯籍元年	二
秦	二十	二十一	二十二	二十三	秦莊公其 【索隱】其，名也。案：秦之先公並不記名，恐其
楚	三	四	五	六	楚熊徇元年
宋	六	七	八	九	十
衛	三十	三十一	三十二	三十三	三十四
陳	七	八	九	十	十一
蔡	十三	十四	十五	十六	十七
曹	曹戴伯鮮元年	二	三	四	五
鄭					
燕	二	三	四	五	六
吳					

811	812	813	814	815	816	817	818	819	820	
						甲申				
十七	十六	十五	十四	十三	十二	十一	十	九	八	
五	四	三	二	魯懿公戲元年	十	九	八	七	六	
五	四	三	二	齊文公赤元年	九	八	七	六	五	
穆侯弗生	十一	十	九	八	七	六	五	四	三	
十一	十	九	八	七	六	五	四	三	二	非名。元年
十一	十	九	八	七	六	五	四	三	二	
二十	十九	十八	十七	十六	十五	十四	十三	十二	十一	
二	衛武公和元年	四十二	四十一	四十	三十九	三十八	三十七	三十六	三十五	
二十一	二十	十九	十八	十七	十六	十五	十四	十三	十二	
二十七	二十六	二十五	二十四	二十三	二十二	二十一	二十	十九	十八	
十五	十四	十三	十二	十一	十	九	八	七	六	
十六	十五	十四	十三	十二	十一	十	九	八	七	

		810	809
周		十八	十九
魯		六	七
齊		六	七
晉	元年　索隱晉穆公生。案：系家名費生，或作「潰生」。系本名弗生，則生是穆公名。	二	三
秦		十二	十三
楚		十二	十三
宋		二十一	二十二
衛		三	四
陳		二十二	二十三
蔡		二十八	蔡釐侯所事　索隱蔡釐侯所。案：系家
曹		十六	十七
鄭			
燕		十七	十八
吳			

	808	807	806
		甲午	
	二十	二十一	二十二
	八	九	魯孝公稱元年。伯御立為君，稱為諸公子云。伯御，武公孫。
	八	九	十
	四 取齊女為夫人	五	六
	十四	十五	十六
	十四	十五	十六
	二十三	二十四	二十五
	五	六	七
	二十四	二十五	二十六
釐侯名所事。 元年	二	三	四
	十八	十九	二十
			鄭桓公友 索隱宣王母弟。宣王二十二年封之鄭，立三十六年，與幽王俱死犬
	十九	二十	二十一

		805	804	803
周		二十三	二十四	二十五
魯		二	三	四
齊		十一	十二	齊成公說 索隱系家「說」作「脫」。 元年
晉		七 以伐條生太子仇。	八	九
秦		十七	十八	十九
楚		十七	十八	十九
宋		二十六	二十七	二十八
衛		八	九	十
陳		二十七	二十八	二十九
蔡		五	六	七
曹		二十一	二十二	二十三
鄭	戎之難也。 元年 始封周宣王母弟。	二	三	四
燕		二十二	二十三	二十四
吳				

802	801	800	799
二十六	二十七	二十八	二十九
五	六	七	八
二	三	四	五
十 以千畝戰生仇弟成師。二子名反，君子譏之。後亂。	十一	十二	十三
二十	二十一	二十二	二十三
二十	二十一	二十二	楚熊鄂元年
二十九	三十	三十一 宋惠公薨。	宋戴公立。元年
十一	十二	十三	十四
三十	三十一	三十二	三十三
八	九	十	十一
二十四	二十五	二十六	二十七
五	六	七	八
二十五	二十六	二十七	二十八

	798	797	796	795
		甲辰		
周	三十	三十一	三十二	三十三
魯	九	十	十一　周宣王誅伯御，立其弟，是稱為孝公。	十二
齊	六	七	八	九
晉	十四	十五	十六	十七
秦	二十四	二十五	二十六	二十七
楚	二	三	四	五
宋	二	三	四	五
衛	十五	十六	十七	十八
陳	三十四	三十五	三十六	陳武公靈元年
蔡	十二	十三	十四	十五
曹	二十八	二十九	三十	曹惠(公)伯雉 索隱一作「兕。」 元年
鄭	九	十	十一	十二
燕	二十九	三十	三十一	三十二
吳				

794	793	792	791	790
三十四	三十五	三十六	三十七	三十八
十三	十四	十五	十六	十七
齊莊公贖索隱劉氏音神欲反。系家及系本並作「購」。元年	二	三	四	五
十八	十九	二十	二十一	二十二
二十八	二十九	三十	三十一	三十二
六	七	八	九	楚若敖索隱熊鄂子熊儀也，號若敖也。元年
六	七	八	九	十
十九	二十	二十一	二十二	二十三
二	三	四	五	六
十六	十七	十八	十九	二十
二	三	四	五	六
十三	十四	十五	十六	十七
三十三	三十四	三十五	三十六	燕頃侯元年

	789	788	787	786	785	784	783	782
			甲寅					
周	三十九	四十	四十一	四十二	四十三	四十四	四十五	四十六
魯	十八	十九	二十	二十一	二十二	二十三	二十四	二十五
齊	六	七	八	九	十	十一	十二	十三
晉	二十三	二十四	二十五	二十六	二十七　穆侯卒，弟殤叔自立，太子仇出奔。	晉殤叔元年	二	三
秦	三十三	三十四	三十五	三十六	三十七	三十八	三十九	四十
楚	二	三	四	五	六	七	八	九
宋	十一	十二	十三	十四	十五	十六	十七	十八
衛	二十四	二十五	二十六	二十七	二十八	二十九	三十	三十一
陳	七	八	九	十	十一	十二	十三	十四
蔡	二十一	二十二	二十三	二十四	二十五	二十六	二十七	二十八
曹	七	八	九	十	十一	十二	十三	十四
鄭	十八	十九	二十	二十一	二十二	二十三	二十四	二十五
燕	二	三	四	五	六	七	八	九
吳								

775	776	777	778	779	780	781
		甲子				
七	六	五	四	三 王取褒姒。	二 三川震。	幽王元年
三十二	三十一	三十	二十九	二十八	二十七	二十六
二十	十九	十八	十七	十六	十五	十四
六	五	四	三	二	晉文侯仇元年	四 仇攻殺殤叔，立為文侯。
三	二	秦襄公元年	四十四	四十三	四十二	四十一
十六	十五	十四	十三	十二	十一	十
二十五	二十四	二十三	二十二	二十一	二十	十九
三十八	三十七	三十六	三十五	三十四	三十三	三十二
三	二	陳平公燮元年	三	二	陳夷公說元年	十五
三十五	三十四	三十三	三十二	三十一	三十	二十九
二十一	二十	十九	十八	十七	十六	十五
三十二	三十一	三十	二十九	二十八	二十七	二十六
十六	十五	十四	十三	十二	十一	十

	774	773	772	771	770
周	八	九	十	十一 幽王為犬戎所殺。	平王元年 東徙雒邑。
魯	三十三	三十四	三十五	三十六	三十七
齊	二十一	二十二	二十三	二十四	二十五
晉	七	八	九	十	十一
秦	四	五	六	七 始列為諸侯。	八 初立西畤，祠白帝。
楚	十七	十八	十九	二十	二十一
宋	二十六	二十七	二十八	二十九	三十
衛	三十九	四十	四十一	四十二	四十三
陳	四	五	六	七	八
蔡	三十六	三十七	三十八	三十九	四十
曹	二十二	二十三	二十四	二十五	二十六
鄭	三十三	三十四	三十五	三十六 以幽王故，為犬戎所殺。	鄭武公滑突索隱滑，一作「掘」，並音胡忽反。元年
燕	十七	十八	十九	二十	二十一
吳					

769	768	767	766
		甲戌	
二	三	四	五
三十八	魯惠公弗湟元年。索隱魯惠公弗生。系家作「弗湟」，系本作「弗皇」。	二	三
二十六	二十七	二十八	二十九
十二	十三	十四	十五
九	十	十一	十二伐戎至岐而死。
二十二	二十三	二十四	二十五
三十一	三十二	三十三	三十四
四十四	四十五	四十六	四十七
九	十	十一	十二
四十一	四十二	四十三	四十四
二十七	二十八	二十九	三十
二	三	四	五
二十二	二十三	二十四	燕哀侯元年

	765	764	763
周	六	七	八
魯	四	五	六
齊	三十	三十一	三十二
晉	十六	十七	十八
秦	秦文公元年	二	三
楚	二十六	二十七	楚霄敖　索隱楚甯敖。案：系家若敖子熊坎立，是為霄敖。此作「甯敖」，恐是「霄」字
宋	宋武公司空元年	二	三
衛	四十八	四十九	五十
陳	十三	十四	十五
蔡	四十五	四十六	四十七
曹	三十一	三十二	三十三
鄭	六	七	八
燕	二	燕鄭侯元年	二
吳			

758	759	760	761	762	
十三	十二	十一	十	九	
十一	十	九	八	七	
三十七	三十六	三十五	三十四	三十三	
二十三	二十二	二十一	二十	十九	
八	七	六	五	四	
六	五	四	三	二	訛變為「甯」也。劉伯莊但隨字而音，更不分析。 元年
八	七	六	五	四	
五十五	五十四	五十三	五十二	五十一	
二十	十九	十八	十七	十六	
二	蔡戴侯元年	二	蔡共侯興元年	四十八	
二	曹穆公元年	三十六	三十五	三十四	
十三	十二	十一	十　娶申侯女武姜。	九	
七	六	五	四	三	

	757	756	755	754
	甲申			
周	十四	十五	十六	十七
魯	十二	十三	十四	十五
齊	三十八	三十九	四十	四十一
晉	二十四	二十五	二十六	二十七
秦	九	十　作鄜時。	十一	十二
楚	楚蚡冒 索隱鄒氏云「蚡」一作「粉」，音僨。冒音亡報反，又音默也。 元年	二	三	四
宋	九	十	十一	十二
衛	衛莊公楊元年	二	三	四
陳	二十一	二十二	二十三	陳文公圉
蔡	三	四	五	六
曹	三	曹桓公終生元年	二	三
鄭	十四　生莊公寤生。	十五	十六	十七　生大
燕	八	九	十	十一
吳				

748	749	750	751	752	753	
二十三	二十二	二十一	二十	十九	十八	
二十一	二十	十九	十八	十七	十六	
四十七	四十六	四十五	四十四	四十三	四十二	
三十三	三十二	三十一	三十	二十九	二十八	
十八	十七	十六	十五	十四	十三	
十	九	八	七	六	五	
十八 生魯桓公母。	十七	十六	十五	十四	十三	
十	九	八	七	六	五	
七	六	五	四	三	二	元年生桓公鮑、厲公他。他母蔡女。
二	蔡宣侯楷論元年	十	九	八	七	
九	八	七	六	五	四	
二十三	二十二	二十一	二十	十九	十八	叔段，母欲立段，公不聽。
十七	十六	十五	十四	十三	十二	

	747	746	745
	甲午		
周	二十四	二十五	二十六
魯	二十二	二十三	二十四
齊	四十八	四十九	五十
晉	三十四	三十五	晉昭侯元年封季（弟）〔父〕成師于曲沃，曲沃大於國，君子譏曰：「晉
秦	十九作祠陳寶。	二十	二十一
楚	十一	十二	十三
宋	宋宣公力元年	二	三
衛	十一	十二	十三
陳	八	九	十文公卒。
蔡	三	四	五
曹	十	十一	十二
鄭	二十四	二十五	二十六
燕	十八	十九	二十
吳			

741	742	743	744	
三十	二十九	二十八	二十七	
二十八	二十七	二十六	二十五	
五十四	五十三	五十二	五十一	
五	四	三	二	人亂自曲沃始矣。」
二十五	二十四	二十三	二十二	
十七	十六	十五	十四	
七	六	五	四	
十七　愛妾子州吁，州吁好兵。	十六	十五	十四	
四	三	二	陳桓公元年	
九	八	七	六	
十六	十五	十四	十三	
三	二	鄭莊公寤生元年祭仲相。	二十七	
二十四	二十三	二十二	二十一	

	740	739
周	三十一	三十二
魯	二十九	三十
齊	五十五	五十六
晉	六	潘父殺昭侯，納成師，不克。昭侯子立，是為孝侯。索隱昭侯，文侯仇之子。系家云晉太臣潘父殺
秦	二十六	二十七
楚	武王立。	二
宋	八	九
衛	十八	十九
陳	五	六
蔡	十	十一
曹	十七	十八
鄭	四	五
燕	二十五	二十六
吳		

	738	737	736	735	
		甲辰			
	三十三	三十四	三十五	三十六	
	三十一	三十二	三十三	三十四	
	五十七	五十八	五十九	六十	
昭侯，迎曲沃桓叔，晉人攻之，立昭侯子平，是為孝侯也。	二	三	四	五	
	二十八	二十九	三十	三十一	
	三	四	五	六	
	十	十一	十二	十三	
	二十	二十一	二十二	二十三	夫人無子，桓公立。
	七	八	九	十	
	十二	十三	十四	十五	
	十九	二十	二十一	二十二	
	六	七	八	九	
	二十七	二十八	二十九	三十	

	734	733	732	731
周	三十七	三十八	三十九	四十
魯	三十五	三十六	三十七	三十八
齊	六十一	六十二	六十三	六十四
晉	六	七	八	九 曲沃桓叔成師卒，子代立，為莊伯。
秦	三十二	三十三	三十四	三十五
楚	七	八	九	十
宋	十四	十五	十六	十七
衛	衛桓公完元年	二 弟州吁驕，桓黜之，出奔。	三	四
陳	十一	十二	十三	十四
蔡	十六	十七	十八	十九
曹	二十三	二十四	二十五	二十六
鄭	十	十一	十二	十三
燕	三十一	三十二	三十三	三十四
吳				

724	725	726	727	728	729	730
			甲寅			
四十七	四十六	四十五	四十四	四十三	四十二	四十一
四十五	四十四	四十三	四十二	四十一	四十	三十九
七	六	五	四	三	二　同母弟夷仲年生公孫毋知也。	齊釐公祿父元年
十六　曲沃	十五	十四	十三	十二	十一	十
四十二	四十一	四十	三十九	三十八	三十七	十六
十七	十六	十五	十四	十三	十二	十一
五	四	三	二	宋穆公和元年	十九　公卒，命弟和立，為穆公。	十八
十一	十	九	八	七	六	五
二十一	二十	十九	十八	十七	十六	十五
二十六	二十五	二十四	二十三	二十二	二十一	二十
三十三	三十二	三十一	三十	二十九	二十八	二十七
二十	十九	十八	十七	十六	十五	十四
五	四	三	二	燕穆侯元年	三十六	三十五

		723
周		四十八
魯		四十六
齊		八
晉	莊伯殺孝侯，晉人立孝侯子郤為鄂侯。	晉鄂侯郤元年。曲沃強於晉。索隱有本「郤」作「都」者，誤也。鄂
秦		四十三
楚		十八
宋		六
衛		十二
陳		二十二
蔡		二十七
曹		三十四
鄭		二十一
燕		六
吳		

722	
四十九	
魯隱公息姑 索隱 魯隱公息。系家名息，系本名息姑也。 元年 集解 徐廣曰：「春秋隱元年歲在己未。」	
九	
二	，邑；卻，其名。孝侯子也。
四十四	
十九	
七	
十三	
二十三	
二十八	
三十五	
二十二 段作亂，奔。	
七	

		721	720	719
周		五十	五十一	桓王元年
魯	母聲子。	二	三　二月，日蝕。	四
齊		十	十一	十二
晉		三	四	五
秦		四十五	四十六	四十七
楚		二十	二十一	二十二
宋		八	九　公屬孔父立殤公。馮奔鄭。	宋殤公與夷元
衛		十四	十五	十六　州吁弒公
陳		二十四	二十五	二十六　衛石碏來
蔡		二十九	三十	三十一
曹		三十六	三十七	三十八
鄭		二十三　公悔，思母不見，穿地相見。	二十四　侵周，取禾。	二十五
燕		八	九	十
吳				

	718	717
		甲子
	二 使虢公伐晉之曲沃。	三
	五 公觀魚于棠，君子譏之。	六 鄭人來渝平。
	十三	十四
	六 鄂侯卒。曲沃莊伯復攻晉。立鄂侯子光為哀侯。	晉哀侯光元年
	四十八	四十九
	二十三	二十四
年	二 鄭伐我。我伐鄭。	三
自立。	衛宣公晉元年。共立之。討州吁。	二
告，故執州吁。	二十七	二十八
	三十二	三十三
	三十九	四十
	二十六	二十七 始朝王，王不禮。
	十一	十二

	716	715	714
周	四	五	六
魯	七	八　易許田，君子譏之。	九　三月，大雨雹，電。
齊	十五	十六	十七
晉	二　莊伯卒，子稱立，為武公。	三	四
秦	五十	秦寧公元年	二
楚	二十五	二十六	二十七
宋	四	五	六
衛	三	四	五
陳	二十九	三十	三十一
蔡	三十四	三十五	蔡桓侯封人元年
曹	四十一	四十二	四十三
鄭	二十八	二十九　與魯祊，易許田。	三十
燕	十三	十四	十五
吳			

713	712	711
七	八	九
十	十一 大夫翬請殺桓公，求為相，公不聽，即殺公。	魯桓公允 索隱
十八	十九	二十
五	六	七
三	四	五
二十八	二十九	三十
七 諸侯敗我。我師與衛人伐鄭。	八	九
六	七	八
三十二	三十三	三十四
二	三	四
四十四	四十五	四十六
三十一	三十二	三十三 以璧加魯
十六	十七	十八

		710
周		十
魯	一作「兀」，五忽反。徐廣云一作「軏」。元年母宋武公女，生手文為魯夫人。	二 宋賂以鼎，入於太廟，
齊		二十一
晉		八
秦		六
楚		三十一
宋		華督見孔父妻好，悅之。華
衛		九
陳		三十五
蔡		五
曹		四十七
鄭	，易許田。	三十四
燕		燕宣侯元年
吳		

707	708	709	
甲戌			
十三	十二	十一	
五	四	三　翬迎女，齊侯送女，君子譏之。	君子譏之。
二十四	二十三	二十二	
三	二	晉小子元年	
九	八	七	
三十四	三十三	三十二	
四	三	二	督殺孔父，及殺殤公。宋公馮元年華督為相。
十二	十一	十	
三十八　弟他	三十七	三十六	
八	七	六	
五十	四十九	四十八	
三十七　伐周	三十六	三十五	
四	三	二	

		706
周	伐鄭。	十四
魯		六
齊		二十五　山戎伐我。
晉		曲沃武公殺小子。周伐曲沃，立
秦		十
楚		三十五　侵隨，隨為善政，得止。
宋		五
衛		十三
陳	索隱音徒何反。陳大夫五父，後立為厲公。殺太子免。代立，國亂，再赴。	陳厲公他元年
蔡		九
曹		五十一
鄭	，傷王。	三十八　太子忽救齊，齊將妻之。
燕		五
吳		

	705	704
	十五	十六
	七	八
	二十六	二十七
晉哀侯弟滑。索隱音旻。為晉侯。晉侯滑元年	二	三
	十一	十二
	三十六	三十七　伐隨
	六	七
	十四	十五
	二　生敬仲完。周史卜完後世王齊。	三
	十	十一
	五十二	五十三
	三十九	四十
	六	七

		703	702	701	700
周		十七	十八	十九	二十
魯		九	十	十一	十二
齊		二十八	二十九	三十	三十一
晉		四	五	六	七
秦		秦出（公）〔子〕元年	二	三	四
楚	，弗拔，但盟，罷兵。	三十八	三十九	四十	四十一
宋		八	九	十　執祭仲。	十一
衛		十六	十七	十八　太子伋弟壽爭死。	十九
陳		四	五	六	七　公淫蔡，蔡殺公。
蔡		十二	十三	十四	十五
曹		五十四	五十五	曹莊公射姑元年	二
鄭		四十一	四十二	四十三	鄭厲公突元年
燕		八	九	十	十一
吳					

697	698	699
甲申		
二十三	二十二	二十一
十五 天王求車，非禮。	十四	十三
齊襄公諸兒元年 貶毋知秩服，毋知怨。	三十三	三十二 釐公令毋知秩服如太子。
十	九	八
秦武公元年 伐彭，至華山。	六 三父殺出子，立其兄武公。	五
四十四	四十三	四十二
十四	十三	十二
三 朔奔齊，立黔牟。	二	衛惠公朔元年
三	二	陳莊公林元年 桓公子。
十八	十七	十六
五	四	三
四 祭仲立忽，公出居櫟。	三 諸侯伐我，報宋故。	二
燕桓(公)〔侯〕元年	十三	十二

	696	695	694
周	莊王元年生子穨。	二 有(兄)弟〔克〕。	三
魯	十六 公會(晉)〔曹〕，謀伐鄭。	十七 日食，不書日，官失之。	十八 公與夫人如齊，齊侯通
齊	二	三	四 殺魯桓公，誅彭生。
晉	十一	十二	十三
秦	二	三	四
楚	四十五	四十六	四十七
宋	十五	十六	十七
衛	衛黔牟元年	二	三
陳	四	五	六
蔡	十九	二十	蔡哀侯獻舞元年
曹	六	七	八
鄭	鄭昭公忽元年忽母鄧女，祭仲取之。	二 渠彌殺昭公。	鄭子亹元年齊殺子亹，昭
燕	二	三	四
吳			

692	693	
五	四 周公欲殺王而立子克，王誅周公，克奔燕。	
二	魯莊公同元年	焉兔，使彭生殺公於車上。
六	五	
十五	十四	
六	五	
四十九	四十八	
十九	十八	
五	四	
陳宣公杵臼元年。杵臼	七	
三	二	
十	九	
二	鄭子嬰元年 子亹之弟。	公弟。
六	五	

		691	690	689
周		六	七	八
魯		三	四	五　與齊伐衛，納
齊		七	八　伐紀，去其都邑。	九
晉		十六	十七	十八
秦		七	八	九
楚		五十	五十一　王伐隨，告夫人心動，王卒軍中。	楚文王貲元年
宋		宋湣公捷元年	二	三
衛		六	七	八
陳	莊公弟。	二	三	四
蔡		四	五	六
曹		十一	十二	十三
鄭		三	四	五
燕		七	燕莊公元年	二
吳				

686	687	688	
	甲午		
十一	十	九	
八 子糾來奔	七 星隕如雨，與雨偕。	六	惠公。
十二 毋知殺君	十一	十	
二十一	二十	十九	
十二	十一	十	
四	三	二 伐申，過鄧，鄧甥曰楚可取，鄧侯不許。	始都郢。
六	五	四	
衞惠公朔復入。	十 齊立惠公，黔牟奔周。	九	
七	六	五	
九	八	七	
十六	十五	十四	
八	七	六	
五	四	三	

		685	684
周		十二	十三
魯	，與管仲俱避毋知亂。	九　魯欲與糾入，後小白，齊距魯，使生致管仲。	十　齊伐我，為糾故。
齊	自立。	齊桓公小白元年，春，齊殺毋知。	二
晉		二十二	二十三
秦		十三	十四
楚		五	六　息夫人，陳女，過
宋		七	八
衛	十四年	十五	十六
陳		八	九
蔡		十	十一　楚虜我侯。
曹		十七	十八
鄭		九	十
燕		六	七
吳			

	683	682
	十四	十五
	十一 臧文仲弔宋水。	十二
	三	四
	二十四	二十五
	十五	十六
蔡，蔡不禮，惡之。楚伐蔡，獲哀侯以歸。	七	八
	九 宋大水，公自罪。魯使臧文仲來弔。	十 萬殺君，
	十七	十八
	十	十一
	十二	十三
	十九	二十
	十一	十二
	八	九

		681	680	679
周		釐王元年	二	三
魯		十三　曹沫劫桓公。反所亡地。	十四	十五
齊		五　與魯人會柯。	六	七　始霸，會諸侯于鄄。
晉		二十六	二十七	二十八　曲沃武公滅晉侯湣，以寶獻周，周命
秦		十七	十八	十九
楚		九	十	十一
宋	仇牧有義。	宋桓公御說元年　莊公子。	二	三
衛		十九	二十	二十一
陳		十二	十三	十四
蔡		十四	十五	十六
曹		二十一	二十二	二十三
鄭		十三	十四	鄭厲公元年。厲公亡後十七歲復入。
燕		十	十一	十二
吳				

	678	677
		甲辰
	四	五
	十六	十七
	八	九
武公為晉君，并其地。	晉武公稱并晉，已立三十八年，不更元，因其元年。	三十九　武公卒，子詭諸立
	二十　葬雍，初以人從死。	秦德公元年武公弟。
	十二　伐鄧，滅之。	十三
	四	五
	二十二	二十三
	十五	十六
	十七	十八
	二十四	二十五
	二　諸侯伐我	三
	十三	十四

		676
周		惠王元年取陳后。
魯		十八
齊		十
晉	，為獻公。	晉獻公詭諸元年
秦		二 初作伏，祠社，磔狗邑四門。
楚		楚堵敖囏 集解徐廣曰：「一作『動』。」索隱楚杜敖囏。音艱。系家作「莊敖」，劉音壯，此作「杜敖。」劉氏云
宋		六
衛		二十四
陳		十七
蔡		十九
曹		二十六
鄭		四
燕		十五
吳		

674	675	
三	二　燕、衛伐王，王奔溫，立子穨。	
二十	十九	
十二	十一	
三	二	
二	秦宣公元年	
三	二	亦作「堵。」堵、杜聲相近，與系家乖，不詳其由也。元年
八	七　取衛女。文公弟。	
二十六	二十五	
十九	十八	
蔡穆侯肸元年	二十	
二十八	二十七	
六	五	
十七　鄭執我仲父。	十六　伐王，王奔溫，立子穨。	

	673	672
周	四　誅穨，惠王入。	五　太子母早死。惠后生叔帶。
魯	二十一	二十二
齊	十三	十四　陳完自陳來奔，田常始此也。正義齊桓公十四年，陳宣公二十一年，周惠王之五年。
晉	四	五　伐驪戎，得姬。
秦	三	四　作密時。
楚	四	五　弟惲殺堵敖自立。
宋	九	十
衛	二十七	二十八
陳	二十	二十一　厲公子完奔齊。
蔡	二	三
曹	二十九	三十
鄭	七　救周亂，入王。	鄭文公捷元年
燕	十八	十九
吳		

667	668	669	670	671
甲寅				
十 賜齊侯命。	九	八	七	六
二十七	二十六	二十五	二十四	二十三 公如齊觀社。
十九	十八	十七	十六	十五
十	九 始城絳都。	八 盡殺故晉侯羣公子。	七	六
九	八	七	六	五
五	四	三	二	楚成王惲元年
十五	十四	十三	十二	十一
二	衛懿公赤元年	三十一	三十	二十九
二十六	二十五	二十四	二十三	二十二
八	七	六	五	四
四	三	二	曹釐公夷元年	三十一
六	五	四	三	二
二十四	二十三	二十二	二十一	二十

	666	665	664	663
周	十一	十二	十三	十四
魯	二十八	二十九	三十	三十一
齊	二十	二十一	二十二	二十三　伐山戎，為燕也。
晉	十一	十二　太子申生居曲沃，重耳居蒲城，夷吾居屈。驪姬故。	十三	十四
秦	十	十一	十二	秦成公元年
楚	六	七	八	九
宋	十六	十七	十八	十九
衛	三	四	五	六
陳	二十七	二十八	二十九	三十
蔡	九	十	十一	十二
曹	五	六	七	八
鄭	七	八	九	十
燕	二十五	二十六	二十七	二十八
吳				

661	662
十六	十五
魯湣公開元年	三十二　莊公弟叔牙鴆死。︵慶父弒︶子般。季友奔陳，立湣公。
二十五	二十四
十六　（伐）〔滅〕魏、（取）〕〔耿〕、霍	十五
三	二
十一	十
二十一	二十
八	七
三十二	三十一
十四	十三
曹昭公元年	九
十二	十一
三十	二十九

		660
周		十七
魯		二　慶父殺湣公。季友自陳立申，為釐公。殺慶父。
齊		二十六
晉	。始封趙夙耿，畢萬魏，始此。	十七　申生將軍，君子知其廢。
秦		四
楚		十二
宋		二十二
衛		翟伐我。公好鶴，士不戰，滅我國。國怨，惠公亂，滅其後，更
陳		三十三
蔡		十五
曹		二
鄭		十三
燕		三十一
吳		

	659	658
	十八	十九
	魯釐公申元年哀姜喪自齊至。	二
	二十七殺女弟魯莊公夫人，淫故。	二十八為衛築楚丘。救戎、狄伐。
	十八	十九荀息以幣假道于虞以伐虢，滅下陽。
	秦穆公任好元年	二
	十三	十四
	二十三	二十四
立黔牟弟。衛戴公元年	衛文公燬元年戴公弟也。	二齊桓公率諸侯為我城楚丘。
	三十四	三十五
	十六	十七
	三	四
	十四	十五
	三十二	三十三

	657	656
	甲子	
周	二十	二十一
魯	三	四
齊	二十九　與蔡姬共舟，蕩公，公怒，歸蔡姬。	三十　率諸侯伐蔡，蔡潰，遂伐楚，責包茅貢。
晉	二十	二十一　申生以驪姬讒自殺。重耳奔蒲，夷吾奔屈。
秦	三	四　迎婦于晉。
楚	十五	十六　齊伐我，至陘，使屈完盟。
宋	二十五	二十六
衛	三	四
陳	三十六	三十七
蔡	十八　以女故，齊伐我。	十九
曹	五	六
鄭	十六	十七
燕	燕襄公元年	二
吳		

652	653	654	655
二十五 襄王立，畏太叔。集解 徐廣曰	二十四	二十三	二十二
八	七	六	五
三十四	三十三	三十二 率諸侯伐鄭。	三十一
二十五 伐翟，以重耳故。	二十四	二十三 夷吾奔梁。	二十二 滅虞、虢。重耳奔狄。
八	七	六	五
二十	十九	十八 伐許，許君肉袒謝，楚從之。	十七
三十 公疾，太子茲父讓兄目夷賢	二十九	二十八	二十七
八	七	六	五
四十一	四十	三十九	三十八
二十三	二十二	二十一	二十
曹共公元年	九	八	七
二十一	二十	十九	十八
六	五	四	三

	（前頁續）	651	650
周	：「皇甫謐云二十四年惠王崩。」	襄王元年諸侯立王。	二
魯		九	十
齊		三十五 夏，會諸侯于葵丘。天子使宰孔賜胙，命無拜。	三十六 使隰朋立晉惠公。
晉		二十六 公卒，立奚齊，里克殺之。及卓子。立夷吾。	晉惠公夷吾元年
秦		九 夷吾使郤芮賂，求入。	十 丕鄭子豹亡來。
楚		二十一	二十二
宋	，公不聽。	三十一 公薨，未葬，齊桓會葵丘。	宋襄公茲父元年
衛		九	十
陳		四十二	四十三
蔡		二十四	二十五
曹		二	三
鄭		二十二	二十三
燕		七	八
吳			

	649		648	
	三	戎伐我，太叔帶召之。欲誅叔帶，叔帶奔齊。	四	
	十一		十二	
	三十七		三十八	使管仲平戎于周，欲以上卿
誅里克，倍秦約。	二		三	
	十一	救王伐戎，戎去。	十二	
	二十三	伐黃。	二十四	
目夷相。	二		三	
	十一		十二	
	四十四		四十五	
	二十六		二十七	
	四		五	
	二十四	有妾夢天與之蘭，生穆公蘭。	二十五	
	九		十	

		647 甲戌	646
周		五	六
魯		十三	十四
齊	禮讓，受下卿。	三十九 使仲孫請王，言王叔帶，王怒。	四十
晉		四 饑，請秦粟，秦與我。	五 秦饑，請粟，晉倍之。
秦		十三 丕豹欲無與，公不聽，輸晉粟，起雍至絳。	十四
楚		二十五	二十六 滅六、英。
宋		四	五
衛		十三	十四
陳		陳穆公款元年	二
蔡		二十八	二十九
曹		六	七
鄭		二十六	二十七
燕		十一	十二
吳			

642	643	644	645
十	九	八	七
十八	十七	十六	十五 五月，日有食之。不書，史官失之。
齊孝公昭元年	四十三	四十二 王以戎寇告齊，齊徵諸侯戍周。	四十一
九	八	七 重耳聞管仲死，去翟之齊。	六 秦虜惠公，復立之。
十八	十七	十六 為河東置官司。	十五 以盜食善馬士得破晉。
三十	二十九	二十八	二十七
九	八	七 隕五石。六鷁退飛，過我都。	六
十八	十七	十六	十五
六	五	四	三
四	三	二	蔡莊侯甲午元年
十一	十	九	八
三十一	三十	二十九	二十八
十六	十五	十四	十三

	641	640	639
周	十一	十二	十三
魯	十九	二十	二十一
齊	二	三	四
晉	十	十一	十二
秦	十九　滅梁。梁好城，〔索隱〕上去聲。不居，民罷，〔索隱〕音皮。相驚，故亡。	二十	二十一
楚	三十一	三十二	三十三　執宋襄公，復
宋	十	十一	十二　召楚盟。
衛	十九	二十	二十一
陳	七	八	九
蔡	五	六	七
曹	十二	十三	十四
鄭	三十二	三十三	三十四
燕	十七	十八	十九
吳			

	638	637
		甲申
	十四 叔帶復歸於周。	十五
	二十二	二十三
	五 歸王弟帶。	伐宋，以其不
	十三 太子圉質【索隱】晉惠公夷吾之子也。圉音禦。質音致，又如字也。秦，亡歸。	十四 圉立，為懷公。
	二十二	二十三 迎重耳於楚，厚禮，
歸之。	三十四	三十五 重耳過，厚禮之。
	十三 泓之戰，楚敗公。【索隱】穀梁傳戰於泓水之上。系家云十三年宋師大敗，公傷股。	十四 公疾死泓戰。
	二十二	二十三 重耳從齊過，
	十	十一
	八	九
	十五	十六 重耳過，無禮，僖
	三十五 君如楚，宋伐我。	三十六 重耳過，無禮，叔
	二十	二十一

		636
周		十六 王奔汜。索隱似凡兩音。汜，鄭地也。
魯		二十四
齊	同盟。	七
晉		晉文公元年。誅子圉。魏武子為魏大夫，趙衰為原大夫。咎犯曰：「
秦	之，妻之女。重耳願歸。	二十四 以兵送重耳。
楚		三十六
宋		宋成公王臣元年
衛	無禮。	二十四
陳		十二
蔡		十
曹	負羈私善。	十七
鄭	詹諫。	三十七
燕		二十二
吳		

	635	634	633
	十七　晉納王。	十八	十九
	二十五	二十六	二十七
	八	九	十　孝公薨，弟潘因衛公子開方殺孝
求霸莫如內王。」	二	三　宋服。	四　救宋，報曹、衛恥。
	二十五　欲內王，軍河上。	二十六	二十七
	三十七	三十八	三十九　使子玉伐宋。
	二	三　倍楚親晉。	四　楚伐我，我告急於晉。
	二十五	衛成公鄭元年	二
	十三	十四	十五
	十一	十二	十三
	十八	十九	二十
	三十八	三十九	四十
	二十三	二十四	二十五

周		二十 王狩河陽。
魯		二十八 公如踐土會朝。
齊	公子潘，立。	齊昭公潘元年 會晉敗楚，朝周王。
晉		五 侵曹伐衛，取五鹿，執曹伯。諸侯敗楚而朝河陽，周命賜公土地。
秦		二十八 會晉伐楚朝周。
楚		四十 晉敗子玉于城濮。
宋		五 晉救我，楚兵去。
衛		三 晉伐我，取五鹿。公出奔，立（公子瑕）〔叔武〕。會晉朝，復歸（晉）〔衛〕。
陳		十六 會晉伐楚，朝周王。
蔡		十四 會晉伐楚，朝周王。
曹		二十一 晉伐我，執公，復歸之。
鄭		四十一
燕		二十六
吳		

627	628	629	630	631
甲午				
二十五	二十四	二十三	二十二	二十一
三十三 僖公薨。	三十二	三十一	三十	二十九
六 狄侵我。	五	四	三	二
晉襄公驩元年	九 文公薨。	八	七 聽周歸衛成公。與秦圍鄭。	六
三十三 襲鄭，晉	三十二 將襲鄭，蹇叔曰不可。	三十一	三十 圍鄭，有言即去。	二十九
四十五	四十四	四十三	四十二	四十一
十	九	八	七	六
八	七	六	五 周入成公，復衛。	四 晉以衛與宋。
五	四	三	二	陳共公朔元年
十九	十八	十七	十六	十五
二十六	二十五	二十四	二十三	二十二
鄭穆公蘭元年	四十五 文公薨。	四十四	四十三 秦、晉圍我，以晉故。	四十二
三十一	三十	二十九	二十八	二十七

		626
周		二十六
魯		魯文公興元年
齊		七
晉	破秦于殽。	二 伐衛，衛伐我。
秦	敗我殽。	三十四 敗殽將亡歸，公復其官。
楚		四十六 王欲殺太子立職，太子恐，與傳潘崇殺王。王欲食熊蹯死，不聽。自
宋		十一
衛		九 晉伐我，我伐晉。
陳		六
蔡		二十
曹		二十七
鄭	秦襲我，弦高詐之。	二
燕		三十二
吳		

	625	624	623
	二十七	二十八	二十九
	二	三 公如晉。	四
	八	九	十
	三 秦報殽，敗我于汪。	四 秦伐我，取王官，我不出。	五 伐秦，圍
	三十五 伐晉報殽，敗我于汪。	三十六 以孟明等伐晉，晉不敢出。	三十七 晉伐我，
立為王。	楚穆王商臣元年 以其太子宅賜崇為相。	二 晉伐我。	三 滅江。
	十二	十三	十四
	十	十一	十二 公如晉。
	七	八	九
	二十一	二十二	二十三
	二十八	二十九	三十
	三	四	五
	三十三	三十四	三十五

國		
周		三十
魯		五
齊		十一
晉	郱、索隱 阮音。新城。	六 趙成子、欒貞子、霍伯、臼季皆卒。索隱 趙成子名衰。欒貞子名枝。霍伯，先且居
秦	圍郱、新城。	三十八
楚		四 滅六、蓼。
宋		十五
衛		十三
陳		十
蔡		二十四
曹		三十一
鄭		六
燕		三十六
吳		

三十一	
六	
十二	
七　公卒。趙盾為太子少，欲更立君，恐誅，遂紀太子為靈公。	也，封之霍。臼季，胥臣也，四大夫皆此年卒。
三十九　繆公薨。葬殉以人，從死者百七十人，君子譏之，故不言卒。	
五	
十六	
十四	
十一	
二十五	
三十二	
七	
三十七	

	620	619
周	三十二	三十三 襄王崩。
魯	七	八 王使衞來求金以葬
齊	十三	十四
晉	晉靈公夷皐 索隱 晉靈公蝪。音亦。系家及左傳名夷皐，此蓋誤也。 元年 趙盾專政。	二 秦伐我，取武城，
秦	秦康公罃 索隱 音乙耕反。 元年	二
楚	六	七
宋	十七 公孫固殺成公。	宋昭公杵臼元年 襄公
衞	十五	十六
陳	十二	十三
蔡	二十六	二十七
曹	三十三	三十四
鄭	八	九
燕	三十八	三十九
吳		

，非禮。

報令狐之戰。

之子。

集解徐廣曰：「一云成公少子。」索隱宋昭公杵臼，襄公少子，非也。案：徐廣云「一曰成公大子」，與系家同，是也。

	618	617	616
		甲辰	
周	頃王元年	二	三
魯	九	十	十一 敗長翟于
齊	十五	十六	十七
晉	三 率諸侯救鄭。	四 伐秦，拔少梁。秦取我北徵。【索隱】音澄，蓋今之澄城也。	五
秦	三	四 晉伐我，取少梁。我伐晉，取北徵。	五
楚	八 伐鄭，以其服晉。	九	十
宋	二	三	四 敗長翟長丘。
衛	十七	十八	十九
陳	十四	十五	十六
蔡	二十八	二十九	三十
曹	三十五	曹文公壽元年	二
鄭	十 楚伐我。	十一	十二
燕	四十	燕桓公元年	二
吳			

	615	614	613
	四	五	六 頃王崩。公卿爭政
鹹而歸，得長翟。	十二	十三	十四 彗星入北斗，周史
	十八	十九	二十 昭公卒。弟商人殺
	六 秦取我羈馬。與秦戰河曲，秦師遁。	七 得隨會。	八 趙盾以車八百乘納
	六 伐晉，取羈馬。怒，與我大戰河曲。	七 晉詐得隨會。	八
	十一	十二	楚莊王侶元年
	五	六	七
	二十	二十一	二十二
	十七	十八	陳靈公平國元年
	三十一	三十二	三十三
	三	四	五
	十三	十四	十五
	三	四	五

		612	611
周	，故不赴。	匡王元年	二
魯	曰「十年，宋、齊、晉君死。」	十五 六月辛丑，日蝕，齊伐我。	十六
齊	太子自立，是為懿公。	齊懿公商人元年	二 不得民心。
晉	捷菑，平王室。	九 我入蔡。	十
秦		九	十
楚		二	三 滅庸。
宋		八	九 襄夫人使衛伯殺昭公。弟鮑立。
衛		二十三	二十四
陳		二	三
蔡		三十四 晉伐我。莊侯薨。	蔡文侯申元年
曹		六 齊入我郛。	七
鄭		十六	十七
燕		六	七
吳			

610	609
三	四
十七　齊伐我。	十八　襄仲殺嫡，立庶子為宣公。
三　伐魯。	四　公刖邴歜父而奪閻職妻，二人共殺公，立桓公子惠公。
十一　率諸侯平宋。	十二
十一	十二
四	五
宋文公鮑元年。昭公弟。晉率諸侯平我。	二
二十五	二十六
四	五
二	三
八	九
十八	十九
八	九

	608	607
		甲寅
周	五	六 匡王崩。
魯	魯宣公倭元年魯立宣公，不正，公室卑。	二
齊	齊惠公元年取魯濟西之田。	二 王子成父敗長翟。
晉	十三 趙盾救陳、宋，伐鄭。	十四 趙穿殺靈公，趙盾使穿迎公子黑臀于
秦	秦共公和元年	二
楚	六 伐宋、陳，以倍我服晉故。	七
宋	三 楚、鄭伐我，以我倍楚故也。	四 華元以羊羹故陷於鄭。
衛	二十七	二十八
陳	六	七
蔡	四	五
曹	十	十一
鄭	二十 與楚侵陳，遂侵宋，晉使趙盾伐我，以倍晉故。	二十一 與宋師戰，獲華元。
燕	十	十一
吳		

605	606	
二	定王元年	
四	三	
四	三	
二	晉成公黑臀元年伐鄭。	周，立之。趙氏賜公族。
四	三	
九　若敖氏為亂，滅之。伐鄭。	八　伐陸渾，至雒，問鼎輕重。	
六	五　贖華元，亡歸。圍曹。	
三十	二十九	
九	八	
七	六	
十三	十二　宋圍我。	
鄭靈公夷元年公子歸生以黿故殺靈公。	二十二　華元亡歸。	
十三	十二	

	604	603	602
周		四	五
魯	五	六	七
齊	五	六	七
晉	三　中行桓子荀林父救鄭，伐陳。	四　與衛侵陳。	五
秦	五	秦桓公元年	二
楚	十	十一	十二
宋	七	八	九
衛	三十一	三十二　與晉侵陳。	三十三
陳	十　楚伐鄭，與我平。晉中行桓子距楚，救鄭，伐我。	十一　晉、衛侵我。	十二
蔡	八	九	十
曹	十四	十五	十六
鄭	鄭襄公堅元年。靈公庶弟。楚伐我，晉來救。	二	三
燕	十四	十五	十六
吳			

601	600
六	七
八 七月日蝕。	九
八	九
六 與魯伐秦，獲秦諜，殺之絳市，六日而蘇。	七 使桓子伐楚。以諸侯師伐陳救鄭。成公薨。
三 晉伐我，獲諜。	四
十三 伐陳，滅舒、蓼。	十四 伐鄭，晉郤缺救鄭，敗我。
十	十一
三十四	三十五
十三 楚伐我。	十四
十一	十二
十七	十八
四	五 楚伐我，晉來救，敗楚師。
燕宣公元年	二

	599	598	597
			甲子
周	八	九	十
魯	十 四月，日蝕。	十一	十二
齊	十 公卒。崔杼有寵高、國，逐之，奔衛。	齊頃公無野元年	二
晉	晉景公據元年。與宋伐鄭。	二	三 救鄭，為
秦	五	六	七
楚	十五	十六 率諸侯誅夏徵舒，立陳靈公子午。	十七 圍鄭，鄭
宋	十二	十三	十四 伐陳。
衛	衛穆公遬元年齊（高國）（崔杼）來奔。	二	三
陳	十五 夏徵舒以其母辱，殺靈公。	陳成公午元年。靈公太子。	二
蔡	十三	十四	十五
曹	十九	二十	二十一
鄭	六 晉、宋、楚伐我。	七	八 楚圍我，
燕	三	四	五
吳			

	596	595	594
	十一	十二	十三
	十三	十四	十五初稅畝。
	三	四	五
楚所敗河上。	四	五伐鄭。	六救宋，執解揚，有節，使秦。伐我。
	八	九	十
伯肉袒謝，釋之。	十八	十九圍宋，為殺使者。	二十圍宋。五月，華元告子反以誠，楚罷。
	十五	十六殺楚使者，楚圍我。	十七華元告楚，楚去。
	四	五	六
	三	四	五
	十六	十七	十八
	二十二	二十三文公薨。	曹宣公廬元年
我卑辭以解。	九	十晉伐我。	十一佐楚伐宋，執解揚。
	六	七	八

	593	592	591
周	十四	十五	十六
魯	十六	十七 日蝕。	十八 宣公薨。
齊	六	七 晉使郤克來齊，婦人笑之，克怒，歸去。	八 晉伐敗我。
晉	七 隨會滅赤翟。	八 使郤克使齊，婦人笑之，克怒歸。	九 伐齊，質子彊，兵罷。
秦	十一	十二	十三
楚	二十一	二十二	二十三 莊王薨。
宋	十八	十九	二十
衛	七	八	九
陳	六	七	八
蔡	十九	二十 文侯薨。	蔡景侯固元年
曹	二	三	四
鄭	十二	十三	十四
燕	九	十	十一
吳			

589	590
十八	十七
二。與晉伐齊，齊歸我汶陽，竊與楚盟。	魯成公黑肱元年春，齊取我隆。
十。晉郤克敗公於鞍，虜逢丑父。	九
十一。與魯、曹敗齊。	十
十五	十四
二。秋，申公巫臣竊徵舒母奔晉，以為邪大夫。冬，伐衛、魯，	楚共王審元年
二十二	二十一
十一。穆公薨。與諸侯敗齊，反侵地。楚伐我。	十
十	九
三	二
六	五
十六	十五
十三	十二

		588	587
			甲戌
周		十九	二十
魯		三 會晉、宋、衛、曹伐鄭。	四 公如晉，晉不敬。公欲倍晉合於楚。
齊		十一 頃公如晉，欲王晉，晉不敢受。	十二
晉		十二 始置六卿。率諸侯伐鄭。	十三 魯公來，不敬。
秦		十六	十七
楚	救齊。	三	四 子反救鄭。
宋		宋共公瑕元年	二
衛		衛定公臧元年	二
陳		十一	十二
蔡		四	五
曹		七 伐鄭。	八
鄭		十七 晉率諸侯伐我。	十八 晉欒書取我汜。索隱取汜。音凡。襄公薨。
燕		十四	十五
吳			

584	585	586
二	簡王元年	二十一　定王崩。
七	六	五
十五	十四	十三
十六　以巫臣始通於吳而	十五　使欒書救鄭，遂侵蔡。	十四　梁山崩。伯宗隱其人而用其言。
二十	十九	十八
七　伐鄭。	六	五　伐鄭，倍我故也。鄭悼公來訟。
五	四	三
五	四	三
十五	十四	十三
八	七　晉侵我。	六
十一	十	九
鄭成公睔 索隱古困反。	二　悼公薨。楚伐我，晉使欒書來救。	鄭悼公費元年公如楚訟。
三	二	燕昭公元年
二　巫臣來，謀伐楚。	吳壽夢元年	

		583	582
周		三	四
魯		八	九
齊		十六	十七　頃公薨。
晉	謀楚。	十七　復趙武田邑。侵蔡。	十八　執鄭成公，伐鄭。秦伐我。
秦		二十一	二十二　伐晉。
楚		八	九　救鄭。冬，與晉成。
宋		六	七
衛		六	七
陳		十六	十七
蔡		九　晉伐我。	十
曹		十二	十三
鄭	元年悼公弟也。楚伐我。	二	三　與楚盟。公如晉，執公伐我。
燕		四	五
吳		三	四

578	579	580	581
八		六	五
十三 會晉伐秦。	十二	十一	十 公如晉，送葬，諱之。
四 伐秦。	三	二	齊靈公環元年
三 伐秦，至涇，敗之，獲其將成差。	二	晉厲公壽曼元年	十九
二十六 晉率諸侯伐我。	二十五	二十四 與晉侯夾河盟，歸，倍盟。	二十三
十三	十二	十一	十
十一 晉率我伐秦。	十	九	八
十一	十	九	八
二十一	二十	十九	十八
十四	十三	十二	十一
十七 晉率我伐秦。	十六	十五	十四
七 〔晉率我〕伐秦	六	五	四 晉率諸侯伐我。
九	八	七	六
八	七	六	五

	577	576	575
	甲申		
周	九	十	十一
魯	十四	十五 始與吳通，會鍾離。	十六 宣伯告晉，欲殺季文子，文子得
齊	五	六	七
晉	四	五 三郤讒伯宗，殺之，伯宗好直諫。	六 敗楚鄢陵。
秦	二十七	秦景公元年	二
楚	十四	十五 許畏鄭，請徙葉。	十六 救鄭，不利。子反醉，軍敗，殺
宋	十二	十三 （宋）華元奔晉，復還。	宋平公成元年
衛	十二 定公薨。	衛獻公衎元年	二
陳	二十二	二十三	二十四
蔡	十五	十六	十七
曹	曹成公負芻元年	二 晉執我公以歸。	三
鄭	八	九	十 倍晉盟楚，晉伐我，楚來救。
燕	十	十一	十二
吳	九	十 與魯會鍾離。	十一

572	573	574	
十四　簡王崩。	十三	十二	
魯襄公午元年圍宋	十八　成公薨。	十七	以義脫。
十　（我不救鄭）	九	八	
晉悼公元年圍宋	八　欒書、中行偃殺厲公，立襄公（曾）孫，為悼公。	七	
五	四	三	
十九　侵宋，救鄭。	十八　為魚石伐宋彭城。	十七	子反歸。
四　楚侵我，取犬	三　楚伐彭城，封魚石。	二	
五　圍宋彭城。	四	三	
二十七	二十六	二十五	
二十	十九	十八	
六	五	四	
十三　晉伐敗我，兵	十二　與楚伐宋。	十一	
二	燕武公元年	十三　昭公薨。	
十四	十三	十二	

		571	570
周		靈王元年。生有髭。	二
魯	彭城。	二 會晉城虎牢。	三
齊	晉伐我，使太子光質於晉。	十一	十二（伐吳）
晉	彭城。	二 率諸侯伐鄭，城虎牢。	三 魏絳辱楊干。
秦		六	七
楚		二十	二十一 使子重伐吳，至衡山。使何忌侵陳。
宋	丘。晉誅魚石，歸我彭城。	五	六
衛		六	七
陳		二十八	二十九 倍楚盟，楚侵我。
蔡		二十一	二十二
曹		七	八
鄭	次洧上，楚來救。	十四 成公薨。晉率諸侯伐我。	鄭釐公惲元年
燕		三	四
吳		十五	十六 楚伐我。

566	567	568	569
	甲午		
六	五	四	三
七	六	五 季文子卒。	四 公如晉。
十六	十五	十四	十三
七	六	五	四 魏絳說和戎、狄，狄朝晉。
十一	十	九	八
二十五 圍陳。	二十四	二十三 伐陳。	二十二 伐陳。
十	九	八	七
十一	十	九	八
三 楚圍我，為公亡歸。	二	陳哀公弱元年	三十 楚伐我。成公薨。
二十六	二十五	二十四	二十三
十二	十一	十	九
五 子駟使賊夜殺釐公，詐以病卒赴	四	三	二
八	七	六	五
二十	十九	十八	十七

		565	564
周		七	八
魯		八　公如晉。	九　與晉伐鄭，會河上，問公年，十二，可冠，冠於衛。
齊		十七	十八　與晉伐鄭。
晉		八	九　率齊、魯、宋、衛、曹伐鄭。秦伐我。
秦		十二	十三　伐晉，楚為我援。
楚		二十六　伐鄭。	二十七　伐鄭，師于武城，為秦。
宋		十一	十二　晉率我伐鄭。
衛		十二	十三　晉率我伐鄭。師曹鞭公幸妾。
陳		四	五
蔡		二十七　鄭侵我。	二十八
曹		十三	十四　晉率我伐鄭。
鄭	諸侯。	鄭簡公(喜)〔嘉〕元年釐公子。	二　誅子駟。晉率諸侯伐我，我與盟。楚怒，伐我。
燕		九	十
吳		二十一	二十二

563	562
九 王叔奔晉。	十
十 楚、鄭侵我西鄙。	十一 三桓分為三軍，各將軍。
十九 令太子光、高厚會諸侯鍾離。	二十
十 率諸侯伐鄭。荀罃伐秦。	十一 率諸侯伐鄭，秦敗我櫟。公曰「吾用魏絳
十四 晉伐我。	十五 我使庶長鮑伐晉救鄭，敗之櫟。
二十八 使子囊救鄭。	二十九 （鄭晉伐我）
十三 鄭伐我，衞來救。	十四 楚、鄭伐我。
十四 救宋。	十五
六	七
二十九	三十
十五	十六
三 晉率諸侯伐我，楚來救。子孔作亂，子產攻之。	四 與楚伐宋，晉率諸侯伐我，秦來救。
十一	十二
二十三	二十四

		561	560	559
周		十一	十二	十三
魯		十二 公如晉。	十三	十四 日蝕。
齊		二十一	二十二	二十三 衛獻公來奔。
晉	九合諸侯」，賜之樂。	十二	十三	十四 率諸侯大夫伐秦，
秦		十六	十七	十八 晉諸侯大夫伐我，
楚		三十	三十一 吳伐我，敗之。共王薨。	楚康王昭 索隱楚康王略。系
宋		十五	十六	十七
衛		十六	十七	十八 孫文子攻公，公奔
陳		八	九	十
蔡		三十一	三十二	三十三
曹		十七	十八	十九
鄭		五	六	七
燕		十三	十四	十五
吳		二十五 壽夢卒。	吳諸樊元年楚敗我。	二 季子讓位。楚伐我

	558	557
		甲辰
	十四	十五
	十五 日蝕。齊伐我。	十六 齊伐我。地震。齊復伐我北鄙。
	二十四 伐魯。	二十五 伐魯。
敗棫林。索隱棫音域。	十五 悼公薨。	晉平公彪元年。(伐)〔我〕敗楚于湛坂。索隱
敗棫林。	十九	二十
家名招。元年共王太子出奔吳。	二	三 晉伐我，敗湛坂。
	十八	十九
齊立定公弟狄。	衛殤公狄元年。定公弟。	二
	十一	十二
	三十四	三十五
	二十	二十一
	八	九
	十六	十七
。	三	四

		556	555
周		十六	十七
魯		十七 齊伐我北鄙。	十八 與晉伐齊。
齊		二十六 伐魯。	二十七 晉圍臨淄。晏嬰。大破之。
晉	地名也。湛音視林反。	二	三 率魯、宋、鄭、衛、圍齊，大破之。
秦		二十一	二十二
楚		四	五 伐鄭。
宋		二十 伐陳。	二十一 晉率我伐齊。
衛		三 伐曹。	四
陳		十三 宋伐我。	十四
蔡		三十六	三十七
曹		二十二 (伐衛)〔衛伐我。〕	二十三 成公薨。
鄭		十	十一 晉率我圍齊。楚伐我。
燕		十八	十九 武公薨。
吳		五	六

554	553	552
十八	十九	二十
十九	二十。日蝕	二十一公如晉。日再蝕。
二十八廢光，立子牙為太子。光與崔杼殺牙自立。晉、衛伐我。	齊莊公元年	二
四與衛伐齊。	五	六魯襄公來。殺羊舌虎。
二十三	二十四	二十五
六	七	八
二十二	二十三	二十四
五晉率我伐齊。	六	七
十五	十六	十七
三十八	三十九	四十
曹武公勝元年	二	三
十二子產為卿。	十三	十四
燕文公元年	二	三
七	八	九

	551	550
周	二十一	二十二
魯	二十二　孔子生。	二十三
齊	三　晉欒逞索隱欒逞，晉大夫欒盈，此音如字也。來奔，晏嬰曰「不如歸之。」	四　欲遣欒逞入曲
晉	七　欒逞奔齊。	八
秦	二十六	二十七
楚	九	十
宋	二十五	二十六
衛	八	九　齊伐我。
陳	十八	十九
蔡	四十一	四十二
曹	四	五
鄭	十五	十六
燕	四	五
吳	十	十一

548	549	
二十四	二十三	
二十五 齊伐我北鄙，以報孝伯之師。	二十四 侵齊。日再蝕。	
六 晉伐我，報朝歌。崔杼以莊公通其妻	五 畏晉通楚，晏子謀。	沃伐晉，取朝歌。
十 伐齊至高唐，報太行之役。	九	
二十九 公如晉，盟不結。	二十八	
十二 吳伐我，以報舟師之役，射殺吳王。	十一 與齊通。率陳、蔡伐鄭救齊。	
二十八	二十七	
十一	十	
二十一 鄭伐我。	二十 楚率我伐鄭。	
四十四	四十三 楚率我伐鄭。	
七	六	
十八 伐陳，入陳。	十七 （子産曰）范宣子為政。我請伐陳。	
燕懿公元年	六	
十三 諸樊伐楚，迫巢門，傷射以薨。	十二	

		547 甲寅	546
周		二十五	二十六
魯		二十六	二十七 日蝕。
齊	，殺之，立其弟，為景公。	齊景公杵臼元年。如晉，請歸衛獻公。	二 慶封欲專，誅崔氏，杼
晉		十一 誅衛殤公，復入獻公。	十二
秦		三十	三十一
楚		十三 率陳、蔡伐鄭。	十四
宋		二十九	三十
衛		十二 齊、晉殺殤公，復內獻公。	衛獻公衎後元年
陳		二十二 楚率我伐鄭。	二十三
蔡		四十五	四十六
曹		八	九
鄭		十九 楚率陳蔡伐我。	二十
燕		二	三
吳		吳餘祭元年	二

	545	544
	二十七	景王元年
	二十八　公如楚。葬康王。	二十九　吳季札來觀周樂，盡知樂所
自殺。	三　冬，鮑、高、欒氏謀封慶，封發兵攻慶，慶封奔吳。	四　吳季札來使，與晏嬰歡。
	十三	十四　吳季札來，曰：「晉政卒歸
	三十二	三十三
	十五　康王薨。	楚熊郟敖元年
	三十一	三十二
	二	三
	二十四	二十五
	四十七	四十八
	十	十一
	二十一	二十二　吳季札謂子產曰：「政將歸
	四　懿公薨。	燕惠公元年　齊高止來奔。
	三　齊慶封來奔。	四　守門閽殺餘祭。季札使諸侯

	（續）	543	542
周		二	三
魯	為。	三十	三十一 襄公
齊		五	六
晉	韓、魏、趙。」	十五	十六
秦		三十四	三十五
楚		二	三 王季
宋		三十三	三十四
衛		衛襄公惡元年	二
陳		二十六	二十七
蔡		四十九 為太子取楚女，公通焉，太子殺公自立。	蔡靈侯班
曹		十二	十三
鄭	子，子以禮，幸脫於戹矣。」	二十三 諸公子爭寵相殺，（又欲殺）子產，子成止之。	二十四
燕		二	三
吳	。	五	六

	541	540	539
	四	五	六
薨。	魯昭公稠元年昭公年十九，有童心。	二 公如晉，至河，晉謝還之。	三
	七	八 (齊)田無宇送女。	九 晏嬰使晉
	十七 秦后子來奔。	十八 齊田無宇來送女。	十九
	三十六 公弟后子奔晉，車千乘。	三十七	三十八
父圍為令尹。	四 令尹圍殺郟敖，自立為靈王。	楚靈王圍元年共王子，肘立。	二
	三十五	三十六	三十七
	三	四	五
	二十八	二十九	三十
元年	二	三	四
	十四	十五	十六
	二十五	二十六	二十七 夏，如晉
	四	五	六 公欲殺公
	七	八	九

538

國		年	
周		七	
魯		四	稱病不會楚。
齊	，見叔向，曰：「齊政歸田氏。」叔向曰：「晉公室卑。」	十	
晉		二十	
秦		三十九	
楚		三	夏，合諸侯宋地，盟。伐吳朱方，誅
宋		三十八	
衛		六	稱病不會楚。
陳		三十一	
蔡		五	
曹		十七	稱病不會楚。
鄭	。冬，如楚。	二十八	子產曰：「三國不會。」
燕	卿立幸臣，公卿誅幸臣，公恐，出奔齊。	七	
吳		十	楚誅慶封。

536	537	
	甲子	
九	八	
六	五	
十二 公如晉，請伐燕，入其君。	十一	
二十二 齊景公來，請伐燕，入其君。	二十一 秦后子歸秦。	
秦哀公元年	四十 公卒。后子自晉歸。	
五 伐吳，次乾谿。	四 率諸侯伐吳。	慶封。冬，報我，取三城。
四十	三十九	
八	七	
三十三	三十二	
七	六	
十九	十八	
三十	二十九	
九 齊伐我。	八	
十二 楚伐我，次乾谿。	十一 楚率諸侯伐我。	

	535	534	533
周	十	十一	十二
魯	七　季武子卒。日蝕。	八　公如楚，楚留之。賀章華臺。	九
齊	十三　入燕君。	十四	十五
晉	二十三　入燕君。	二十四	二十五
秦	二	三	四
楚	六　執芋尹亡人入章華。	七　就章華臺，內亡人實之。滅陳。	八　弟棄疾將兵定陳。
宋	四十一	四十二	四十三
衛	九　夫人姜氏無子。	衛靈公元年	二
陳	三十四	三十五　弟招作亂，哀公自殺。	陳惠公吳元年哀公孫也。楚來定我。
蔡	八	九	十
曹	二十	二十一	二十二
鄭	三十一	三十二	三十三
燕	燕悼公元年　惠公歸至卒。	二	三
吳	十三	十四	十五

531	532
十四	十三
十一	十（四月日蝕）
十七	十六
晉昭公夷元年	二十六 春，有星出婺女。（十）〔七〕月，公薨。
六	五
十 醉殺蔡侯，使棄疾圍之。棄疾居之，為蔡侯。	九
宋元公佐元年	四十四 平公薨。
四	三
三	二
十二 靈侯如楚，楚殺之，使棄疾居之，為蔡侯。	十一
二十四	二十三
三十五	三十四
五	四
十七	十六

	530	529
周	十五	十六
魯	十二 朝晉至河，晉謝之。歸。	十三
齊	十八 公如晉。	十九
晉	二	三
秦	七	八
楚	十一 王伐徐以恐吳，次乾谿。民罷於役，怨王。	十二 棄疾作亂自立，靈王自殺。復陳、蔡。
宋	二	三
衛	五 公如晉，朝嗣君。	六
陳	四	五 楚平王復陳，立惠公。
蔡	蔡侯盧元年 景侯子。	二 楚平王復我，立景侯子盧。集解徐廣曰：「一
曹	二十五	二十六
鄭	三十六 公如晉。	鄭定公寧元年
燕	六	七
吳	吳餘昧 索隱音秣。 元年	二

526	527	528	
	甲戌		
十九	十八 后太子卒。	十七	
十六	十五 日蝕。公如晉，晉留之葬，公恥之。	十四	
二十二	二十一	二十	
六 公卒。六	五	四	
十一	十	九	
三	二 王為太子取秦女，好，自取之。	楚平王居元年，共王子，抱玉。	
六	五	四	
九	八	七	
八	七	六	
五	四	三	本『景侯子虛』。」
二	曹平公須元年	二十七	
四	三	二	
三	二	燕共公元年	
吳僚元年	四	三	

		525	524	523
周		二十	二十一	二十二
魯		十七　五月朔，日蝕。彗星見辰。	十八	十九　地震。
齊		二十三	二十四	二十五
晉	卿彊，公室卑矣。	晉頃公去疾元年	二	三
秦		十二	十三	十四
楚		四　與吳戰。	五	六
宋		七	八　火。	九
衛		十	十一　火。	十二
陳		九	十　火。	十一
蔡		六	七	八
曹		三	四　平公薨。	曹悼公午元年
鄭		五　火，欲禳之，子產曰：「不如脩德。」	六　火。	七
燕		四	五　共公薨。	燕平公元年
吳		二　與楚戰。	三	四

522	521
二十三	二十四
二十 齊景公與晏子狩，入魯問禮。	二十一 公如晉至河，晉謝之，歸。日蝕。
二十六 獵魯界，因入魯。	二十七
四	五
十五	十六
七 誅伍奢、尚，太子建奔宋，伍胥奔吳。	八 蔡侯來奔。
十 公毋信。詐殺〔諸〕公子。楚太子建來奔，見亂，之鄭。	十一
十三	十四
十二	十三
九 平侯薨。靈侯孫東國殺平侯子而自立。	蔡悼侯東國元年 奔楚。
二	三
八 楚太子建從宋來奔。	九
	三
五 伍員來奔。	六

	520	519	518
周	二十五	敬王元年	二
魯	二十二 日蝕。	二十三 地震。	二十四 鸛鴿來巢。
齊	二十八	二十九	三十
晉	六 周室亂，公平亂，立敬王。	七	八
秦	十七	十八	十九
楚	九	十 吳伐敗我。	十一 吳卑梁人爭桑，伐取我鍾離。
宋	十二	十三	十四
衛	十五	十六	十七
陳	十四	十五 吳敗我兵，取胡、沈。	十六
蔡	二	三	蔡昭侯申元年悼侯弟。
曹	四	五	六
鄭	十	十一 楚建作亂，殺之。	十二 公如晉，請內王。
燕	四	五	六
吳	七	八 公子光敗楚。	九

517	516
甲申	
三	四
二十五　公欲誅季氏，三桓氏攻公，公出居鄆。索隱音運。	二十六　齊取我鄆以處公。
三十一	三十二　彗星見。晏子曰：「田氏有德於齊，可畏。」
九	十　知櫟、趙鞅內王於王城。
二十	二十一
十二	十三　欲立子西，子西不肯。秦女子立，為昭王。
十五	宋景公頭曼索隱音萬。元年
十八	十九
十七	十八
二	三
七	八
十三	十四
七	八
十	十一

	515	514	513
周	五	六	七
魯	二十七	二十八 公如晉，求入，晉弗聽，處之乾侯。	二十九 公自乾侯如鄆
齊	三十三	三十四	三十五
晉	十一	十二 六卿誅公族，分其邑。各使其子為大夫。	十三
秦	二十二	二十三	二十四
楚	楚昭王珍元年誅無忌以說眾。	二	三
宋	二	三	四
衛	二十	二十一	二十二
陳	十九	二十	二十一
蔡	四	五	六
曹	九	曹襄公元年 集解徐廣曰：「一作『聲』。」	二
鄭	十五	十六	鄭獻公蠆元年
燕	九	十	十一
吳	十二 公子光使專諸殺僚，自立。	吳闔閭元年	二

511	512	
九	八	
三十一　日蝕。	三十	。齊侯曰「主君」，公恥之，復之乾侯。
三十七	三十六	
晉定公午元年	十四　頃公薨。	
二十六	二十五	
五　吳伐我六、潛。	四　吳三公子來奔，封以扞吳。	
六	五	
二十四	二十三	
二十三	二十二	
八	七	
四	三	
三	二	
十三	十二	
四　伐楚六、潛。	三　三公子奔楚。	

	510	509
周	十　晉使諸侯為我築城。	十一
魯	三十二　公卒乾侯。	魯定公宋元年昭公喪自乾侯至。
齊	三十八	三十九
晉	二　率諸侯為周築城。	三
秦	二十七	二十八
楚	六	七　囊瓦【索隱】囊瓦，楚大夫子常也。子囊之孫。伐吳，敗我豫章。蔡侯來朝。
宋	七	八
衛	二十五	二十六
陳	二十四	二十五
蔡	九	十　朝楚，以裘故留。
曹	五　平公弟通殺襄公自立。	曹隱公元年
鄭	四	五
燕	十四	十五
吳	五	六　楚伐我，迎擊，敗之，取楚之居巢。

508	507	506
	甲午	
十二	十三	十四　與晉率諸侯侵楚。
二	三	四
四十	四十一	四十二
四	五	六　周與我率諸侯侵楚。
二十九	三十	三十一　楚包胥請救。
八	九　蔡昭侯留三歲，得裘，故歸。	十　吳、蔡伐我，入郢，昭王亡。伍子胥鞭平王墓。
九	十	十一
二十七	二十八	二十九　與蔡爭長。
二十六	二十七	二十八
十一	十二　與子常裘，得歸，如晉，請伐楚。	十三　與衞爭長。楚侵我，吳與我伐楚，︵入︶郢。
二	三	四
六	七	八
十六	十七	十八
七	八	九　與蔡伐楚，入郢。

	505	504	503
周	十五	十六 王子朝之徒作亂，故王奔晉。	十七 劉子
魯	五 陽虎執季桓子，與盟，釋之。日蝕。	六	七 齊伐我。
齊	四十三	四十四	四十五 侵衛
晉	七	八	九 入周
秦	三十二	三十三	三十四
楚	十一 秦救至，吳去，昭王復入。	十二 吳伐我番，楚恐，徙都。索隱都鄀，音若。	十三
宋	十二	十三	十四
衛	三十	三十一	三十二 齊侵我。
陳	陳懷公柳元年	二	三
蔡	十四	十五	十六
曹	曹靖公路元年	二	三
鄭	九	十 魯侵我。	十一
燕	十九	燕簡公元年	二
吳	十	十一 伐楚，取番。	十二

	502	501	500
迎王，晉入王。	十八	十九	二十
	八 陽虎欲伐三桓，三桓攻陽虎，虎奔陽闞。	九 伐陽虎，虎奔齊。	十 公會
。伐魯。	四十六 魯伐我。我伐魯。	四十七 囚陽虎，虎奔晉。	四十八
敬王。	十 伐衛	十一 陽虎來奔。	十二
	十四 子西為民泣，民亦泣，蔡昭侯恐。	三十六 哀公薨。	秦惠公元
	十五	十五	十六
	三十三 晉、魯侵伐我。	十六 陽虎來奔。	十七
	四 公如吳，吳留之，因死吳。	三十四	三十五
	十七	陳湣公越元年	二
	四 靖公薨。	十八	十九
	十二	曹伯陽元年	二
	三	十三 獻公薨。	鄭聲公勝
	十三 陳懷公來，留之，死於吳。	四	五
		十四	十五

		499
周		二十一
魯	齊侯於夾谷。索隱 司馬彪郡國志在祝其縣西南。孔子相。齊歸我地。	十一
齊		四十九
晉		十三
秦	年彗星見。	二 生躁公、索隱 音竈，秦惠之子。
楚		十七
宋		十八
衛		三十六
陳		三
蔡		二十
曹		三 國人有夢眾君子立社宮，謀
鄭	元年鄭益弱。	二
燕		六
吳		十六

	498	497
		甲辰
	二十二	二十三
	十二　齊來歸女樂，季桓子受之，孔子行。	十三
	五十　遺魯女樂。	五十一
	十四	十五　趙鞅伐范、中行。
懷公、簡公。	三	四
	十八	十九
	十九	二十
	三十七　伐曹。	三十八　孔子來，祿之如魯。
	四	五
	二十一	二十二
亡曹，振鐸請待公孫彊，許之。	四　衞伐我。	五
	三	四
	七	八
	十七	十八

	496	495	494
周	二十四	二十五	二十六
魯	十四	十五 定公薨。日蝕。	魯哀公將元年
齊	五十二	五十三	五十四 伐晉。
晉	十六	十七	十八 趙鞅圍范
秦	五	六	七
楚	二十	二十一 滅胡。以吳敗我，倍之。	二十二 率諸
宋	二十一	二十二 鄭伐我。	二十三
衛	三十九 太子蒯聵出奔。	四十	四十一 伐晉。
陳	六 孔子來。	七	八 吳伐我。
蔡	二十三	二十四	二十五 楚伐我，
曹	六 公孫彊好射，獻鴈，君使為司城，夢者子行。	七	八
鄭	五 子產卒。	六 伐宋。	七
燕	九	十	十一
吳	十九 伐越，敗我，傷闔閭指，以死。	吳王夫差元年	二 伐越。

492	493	
二十八	二十七	
三 地震。	二	
五十六	五十五 輸范、中行氏粟。	
二十	十九 趙鞅圍范、中行，鄭來救，我敗之。	、中行朝歌。齊、衛伐我。
九	八	
二十四	二十三	侯圍蔡。
二十五 孔子過宋，桓魋惡之。	二十四	
衛出公輒元年	四十二 靈公薨。蒯聵子輒立。晉納太子蒯聵于戚。	
十	九	
二十七	二十六 畏楚，私召吳人，乞遷于州來，州來近吳。	以吳怨故。
十 宋伐我。	九	
九	八 救范、中行氏，與趙鞅戰於鐵，敗我師。	
燕獻公元年	十二	
四	三	

	491	490	489
周	二十九	三十	三十一
魯	四	五	六
齊	五十七 乞救，范氏。	五十八 景公薨。立嬖姬子為太子。	齊晏孺子元年 田乞詐立
晉	二十一 趙鞅拔邯鄲、栢人，有之。	二十二 趙鞅敗范、中行，中行奔齊。伐衛。	二十三
秦	十 惠公薨。	秦悼公元年	二
楚	二十五	二十六	二十七 救陳，王死城父。
宋	二十六	二十七	二十八 伐曹。
衛	二	三 晉伐我，救范氏故。	四
陳	十一	十二	十三 吳伐我，楚來救。
蔡	二十八 大夫共誅昭侯。	蔡成侯朔元年	二
曹	十一	十二	十三 宋伐我。
鄭	十	十一	十二
燕	二	三	四
吳	五	六	七 伐陳。

	488	487
		甲寅
	三十二	三十三
	七　公會吳王繒。吳徵百牢，季康子使子貢謝之。	八　吳為邾伐我，至城下，
陽生，殺孺子。	齊悼公陽生元年	二　伐魯，取三邑。
	二十四　侵衛。	二十五
	三	四
	楚惠王章元年	二　子西召建子勝於吳，為
	二十九　侵鄭，圍曹。	三十　曹倍我，我滅之。
	五　晉侵我。	六
	十四	十五
	三	四
	十四　宋圍我，鄭救我。	十五　宋滅曹，虜伯陽。
	十三	十四
	五	六
	八　魯會我繒。	九　伐魯。

	(續)	486	485
周		三十四	三十五
魯	盟而去。齊取我三邑。	九	十　與吳伐齊。
齊		三	四　吳、魯伐我。（齊）鮑子殺悼公，齊人
晉		二十六	二十七　使趙鞅伐齊。
秦		五	六
楚	白公。	三　伐陳，陳與吳故。	四　伐陳。
宋		三十一　鄭圍我，敗之于雍丘。	三十二　伐鄭。
衛		七	八　孔子自陳來。
陳		十六　倍楚，與吳成。	十七
蔡		五	六
曹			
鄭		十五　圍宋，敗我師雍丘，伐我。	十六
燕		七	八
吳		十	十一　與魯伐齊救陳。索隱　捄陳。上音救。

	484	483
	三十六	三十七
	十一　齊伐我。冉有言，故迎孔子，孔子歸。	十二　與吳會橐皋。索隱橐音託。皋音高。縣
立其子壬為簡公。	齊簡公元年　魯與吳敗我。	二
	二十八	二十九
	七	八
	五	六　白公勝數請子西伐鄭，以父怨故。
	三十三	三十四
	九　孔子歸魯。	十　公如晉，與吳會橐皋。
	十八	十九
	七	八
	十七	十八　宋伐我。
	九	十
誅伍員。	十二　與魯敗齊。	十三　與魯會橐皋。

		482	481
周		三十八	三十九
魯	名，在壽春也。用田賦。	十三 與吳會黃池。	十四 西狩獲麟。衛出公出來奔。
齊		三	四 田常殺簡公，立其弟驁，索隱五高反，平公
晉		三十 與吳會黃池，爭長。	三十一
秦		九	十
楚		七 伐陳。	八
宋		三十五 鄭敗我師。	三十六
衛		十一	十二 父蒯聵入，輒出亡。
陳		二十	二十一
蔡		九	十
曹			
鄭		十九 敗宋師。	二十
燕		十一	十二
吳		十四 與晉會黃池。	十五

	480	479
	四十	四十一
	十五 子服景伯使齊，子貢為介，齊歸我侵地。	十六 孔子卒。
也。為平公，常相之，專國權。	齊平公鶩元年 景公（子）〔孫〕也。齊自是稱田氏。	二
	三十二	三十三
	十一	十二
	九	十 白公勝殺令尹子西
	三十七 熒惑守心，子韋曰「善」。	三十八
	衛莊公蒯聵元年	二
	二十二	二十三 楚滅陳，殺湣公。
	十一	十二
	二十一	二十二
	十三	十四
	十六	十七

		478
周		四十二
魯		十七
齊		三
晉		三十四
秦		十三
楚	，攻惠王。葉公攻白公，白公自殺。惠王復國。	十一
宋		三十九
衛		三　莊公辱戎州人，戎州人與趙簡子攻莊公，出奔。
陳		
蔡		十三
曹		
鄭		二十三
燕		十五
吳		十八　越敗我。

甲子
四十三 敬王崩。集解徐廣曰：「歲在甲子」。
十八 二十七卒。
四 二十五卒。
三十五 三十七卒。
十四 卒，子厲（共）公立。
十二 五十七卒。
四十 六十四卒。
衞君起元年。石傅逐起。索隱石傅逐君起。傅音圃，亦作「鉟」，音敷。出，輒復入。
十四 十九卒。
二十四 三十八卒。
十六 二十八卒。
十九 二十三卒。索隱二十三年滅。

卷十五　六國年表第三

魏、韓、趙、楚、燕、齊，謂之「六國」，幷秦，凡七國，謂之「七雄」。

太史公讀秦記，至犬戎敗幽王，周東徙洛邑，秦襄公始封為諸侯，作西畤用事上帝，僭端見矣㊀。禮曰：「天子祭天地，諸侯祭其域內名山大川。」今秦雜戎翟之俗，先暴戾，後仁義，位在藩臣而臚於郊祀，君子懼焉㊁。及文公踰隴，攘夷狄，尊陳寶，營岐雍之閒，而穆公脩政，東竟至河，則與齊桓、晉文中國侯伯侔矣㊂。是後陪臣執政，大夫世祿，六卿擅晉權，征伐會盟，威重於諸侯。及田常殺簡公而相齊國，諸侯晏然弗討，海內爭於戰功矣㊃。三國終之卒分晉，田和亦滅齊而有之，六國之盛自此始㊄。務在彊兵幷敵，謀詐用而從衡短長之說起。矯稱蠭出，誓盟不信，雖置質剖符猶不能約束也㊅。秦始小國僻遠，諸夏賓之，比於戎翟，至獻公之後常雄諸侯㊆。論秦之德義不如魯衛之暴戾者，量秦之兵不如三晉之彊也，然卒幷天下，非必險固便形勢力也，蓋若天所助焉㈧。

【註】㈠太史公讀秦朝的歷史記錄，到了犬戎打敗了周幽王，周王被迫向東方遷都於洛陽，秦襄公有擁王之功纔被封為諸侯，建造西畤（西方之神所住之地）以祭祀上帝，野心自尊（僭）的迹象（端），已經表現出來了。㈡禮經上說：「只有天子纔可以祭天地，諸侯只可以祭其封區內之名山大川。」現今秦國混雜著戎狄的風俗，以暴戾為先務，而以仁義為末節，居於藩臣的地位，而竟敢祭祀（臚）天地，這種舉動，使有識之君子都為之憂懼。㈢到了秦文公，出隴西而東進，掃蕩夷狄，尊祀陳寶（神名，告訴文公有稱霸天下的可能），經營於岐州雍州之間。到了秦穆公修明政治，東邊的邊境，擴張到黃河，那就與中國內部的齊桓公、晉文公等霸王們並駕齊驅了。㈣從此以後，陪臣們（輔佐之助手）掌握政權，大夫們世襲爵祿。晉國的六卿，把佔了晉國的政權，征伐會盟，他們的威勢，壓倒了一切的諸侯。到了齊國的田常殺其君簡公而自立為齊國的執政，諸侯們都淡然置之而不加以討伐，於是乎海內就爭著以打仗為能事了。㈤到了後來，晉國的三強把晉國瓜分了，而齊國的田和也把齊國滅掉了，六國之盛，就從這個時候開始了。㈥他們彼此之間，專以加強本身的兵力併吞敵人的土地為急務，陰謀詭計，無所不用，而縱橫短長的主張，紛然以起，矯命自稱者，蜂擁而出，山盟海誓，毫不足信，彼此抵押臣子，分剖符契，也毫無約束能力。㈦秦國起初，是一個僻遠的小國，中國內部的諸侯都排斥它，以野蠻的夷狄民族看待它，但是到了獻公之後，其勢力常雄於諸

侯。㈧實際講起來，秦國最有德義的行為，也不如魯衛最暴戾的行為之合乎德義；估量秦國的兵力，也不如三晉的強大，然而它終於能夠兼併天下，這不一定就是由於它的地勢險固，而好像是上天幫助它似的。

或曰「東方物所始生，西方物之成孰。」夫作事者必於東南，收功實者常於西北。故禹興於西羌，湯起於亳，周之王也以豐鎬伐殷，秦之帝用雍州興，漢之興自蜀漢㈠。

【註】㈠有的人說：「東方是一切事物開始發生之地，而西方乃是一切事物最後成熟之地。」所以發動事物者必由於東南，而收到實際的成果者常在於西北。故而禹王興於西羌，湯王起於亳亭，周朝之王也，由於以豐鎬而伐殷；秦之為帝也，由於雍州而興起；漢之興也，以蜀漢為據點。

秦既得意，燒天下詩書，諸侯史記尤甚，為其有所刺譏也。詩書所以復見者，多藏人家，而史記獨藏周室，以故滅。惜哉，惜哉㈠！獨有秦記，又不載日月，其文略不具。然戰國之權變亦有可頗采者，何必上古。秦取天下多暴，然世異變，成功大㈡。傳曰「法後王」，何也？以其近己而俗變相類，議卑而易行也。

學者牽於所聞，見秦在帝位日淺，不察其終始，因舉而笑之，不敢道，此與以耳食無異。悲夫㊂！

【譯】㊀秦國得意之後，就大燒天下詩書，而對於各國諸侯的歷史記錄，燒得更甚，因為那些資料裏面，有許多話是刺譏著秦國的。至於詩書以後所以能再見者，多數是藏於普通人民的家中，而歷史記錄獨獨藏於周室，所以纔被毀滅了，真是可惜，真是可惜啊！㊁惟有秦記保存下來，但是上面又沒有記載日月，其文字又是缺略不全。然而戰國時代順應時代潮流通權達變的辦法，也有很可採用的，何必一定說不是上古的辦法我們就不可以行呢？固然秦國取天下的手段多由於暴力，但是它能夠跟著時代的變化而變化，所以成功很大。㊂經傳上說：「以後王為法」，為什麼呢？因為後王的辦法近於我們所身處的時代而風俗變化大致相同，議論雖然不高而容易實行。但是一般學者都是被自己所學所聞的東西所拘制，只看見秦朝在帝位的時間短促，而不深切研究它的自始至終的根本原因，就盲目的加以嘲笑，不敢說它有什麼可以採取的地方，這簡直是跟那些隨聲附和聽人家說什麼便信什麼是一樣的糊塗，真是可悲呀！

余於是因秦記，踵春秋之後，起周元王，表六國時事，訖二世，凡二百七十年，著諸所聞興壞之端。後有君子，以覽觀焉㊀。

【譯】㈠我於是根據秦記，接續（踵）孔子所著的《春秋》之後，從周元王開始，表列六國時代的史事，以至於秦二世為止，一共是二百七十年，把我所聽到的有關於治亂興壞的事端都寫出來，以供後世有識之君子，作參考的資料。

公元前	周	秦	魏	韓	趙	楚	燕	齊
475	周元王元年　集解　徐廣曰：「乙丑」。皇甫謐曰：「元年癸酉，二十八年庚子崩。」　索隱　元王名仁，系本名赤，敬王子。八年崩，子定王介立也。	秦厲共公元年　索隱　悼公子。三十四年卒，子躁公立。	魏獻子　衞出公輒後元年　索隱　二十一年，季父黔逐出公而自立，曰悼公也。	韓宣子	趙簡子　索隱　案：系家簡子名鞅，文子武之孫，景叔成之子也。　四十二　索隱　案：簡子以頃公九年在位，頃公十四年卒而定公立，定公明年，三十七年卒	楚惠王章十三年　集解　徐廣曰：「亦魯哀公十九年。」　索隱　五十七年卒。　吳伐我。	燕獻公十七年　索隱　二十八年卒。	齊平公鶩五年　索隱　二十五年卒。已上當並元王元年。

	474	473	472	471
	二	三	四	五
	二 蜀人來賂。	三	四	五 楚人來賂。
	晉定公卒。索隱 系本定公名午。	晉出公錯元年。索隱 系本名鑿。		
，是四十二為簡子在位之年。又至出公十七年卒，在位六十年也。	四十三	四十四	四十五	四十六
	十四 越圍吳，吳怨。	十五	十六 越滅吳。	十七 蔡景侯卒。索隱 案：「景」字誤，合作「成侯」。徐廣
	十八	十九	二十	二十一
	六	七 越人始來。	八	九 晉知伯瑤來伐我。

		470	469
周		六	七
秦		六 義渠來賂。(繇)〔緜〕諸乞援。集解 音義曰「援一作『爰』。」	七 彗星見。
魏			四十八 衞(莊)〔出〕公飲，大夫不解(履)〔襪〕，公怒，即攻公，公奔宋。
韓			
趙		四十七	四十八
楚	不辨，即言「或作『成』。」案：景侯即成侯之高祖父也。	十八 蔡聲侯元年。索隱 名產，成侯之子。	十九 王子英奔秦。
燕		二十二	二十三
齊		十	十一

	468	467
八	定王元年 集解 徐廣曰：「癸酉，左傳盡此。」皇甫謐曰：「貞定王元年癸亥，十年壬申崩。」 索隱 名介。二十八年崩。	二
八	九	十 庶長將兵拔魏城。集解 音義「拔一作『捕』。」 彗星見。
四十九	五十	五十一
二十	二十一	二十二 魯哀公卒。索隱 系本名蔣。
二十四	二十五	二十六
十二	十三	十四

	466	465	464	463
周	三	四	五	六
秦	十一	十二	十三	十四 晉人、楚人來賂。
魏				
韓			知伯伐鄭，駟桓子如齊求救。	鄭聲公卒。 索隱　聲公名勝，獻公子也。三十七年卒，子
趙	五十二	五十三	五十四 知伯謂簡子，欲廢太子襄子，襄子怨知伯。	五十五
楚	二十三 魯悼公元年。三桓勝，魯如小侯。 索隱　魯悼公，系本名寧。	二十四	二十五	二十六
燕	二十七	二十八	燕孝公元年	二
齊	十五	十六	十七 救鄭，晉師去。中行文子謂田常：「乃今知所以亡。」	十八

462	461	460	459	458	457
七	八	九	十	十一	十二
十五	十六 塹阿旁。伐大荔。補龐戲城。	十七	十八	十九	二十 公將師與緜諸戰。
鄭哀公元年。 哀公易立。八年殺，弟丑立，為共公。					
五十六	五十七	五十八	五十九	六十	襄子 索隱　名無恤。三卿（叛）（敗）智伯晉陽，分其地，始
二十七	二十八	二十九	三十	三十一	三十二 蔡聲侯卒。 索隱　子元侯立。
三	四	五	六	七	八
十九	二十	二十一	二十二	二十三	二十四

		456
周		十三
秦		二十一
魏		晉哀公忌元年。正義　表云晉出公錯十八年，晉哀公忌二年，晉懿公驕立十七年而卒。世本云昭公生桓子雝，雝生忌，忌生懿公驕，
韓		
趙	有三晉也。元年未除服，登夏屋，誘代王，以金斗殺代王。封伯魯子周為代成君。	二
楚		三十三　蔡元侯元年。
燕		九
齊		二十五

455

十四	
二十二	
衞悼公黚元年。	。世家云晉出公十七年，晉哀公驕十八年，而無懿公。案：出公道死，智伯乃立昭公曾孫驕為晉君，是為哀公。哀公大父雍，晉昭公少子，號戴子，生忌。忌善智伯，欲幷晉，未敢，乃立忌子驕為君，據三處不同，未知孰是。
三	
三十四	
十	
齊宣公就匝元年	

		454	453	452
周		十五	十六	十七
秦		二十三	二十四	二十五 晉大夫智開率其邑來奔。
魏			魏桓子敗智伯于晉陽。索隱　桓子名駒。	
韓			韓康子敗智伯于晉陽。索隱　康子名虎。	
趙		四 與智伯分范、中行地。	五 襄子敗智伯晉陽，與魏、韓三分其地。	六
楚		三十五	三十六	三十七
燕		十一	十二	十三
齊	集解　本作「積」。索隱　積，平公子，立五十一年，子康公貸立。	二	三	四

十八

二十六　左庶長城南鄭。

七

三十八

十四

五　宋景公卒。集解徐廣曰：「案左傳景公死至此九十九年。」索隱案：系家景公，元公子，名頭曼，已見十二諸侯表。徐廣云「案左傳景公卒至此九十九年」，謬矣。景公立六十四年卒，公子特殺太子自立，號昭公，與前昭公杵臼又歷五君，

		450	449	448	447
周		十九	二十	二十一	二十二
秦		二十七	二十八 越人來迎女。	二十九 晉大夫智寬率其邑人來奔。	三十
魏		衛敬公元年。索隱　悼公黚之子也。			
韓					
趙		八	九	十	十一
楚		三十九 蔡侯齊元年。	四十	四十一	四十二 楚滅蔡。
燕		十五	燕成公元年	二	三
齊	相去略九十年，故誤也。昭公立四十七年，悼公購立。	六 宋昭公元年。	七	八	九

438	439	440	441	442	443	444	445	446
三	二	考王元年。集解 徐廣曰：「辛丑」。	二十八	二十七	二十六	二十五	二十四	二十三
五	四	三	二 南鄭反。	秦躁公元年	三十四 日蝕，晝晦。星見。	三十三 伐義渠，虜其王。	三十二	三十一
二十	十九	十八	十七	十六	十五	十四	十三	十二
五十一	五十	四十九	四十八	四十七	四十六	四十五	四十四 滅杞。杞，夏之後。	四十三
十二	十一	十	九	八	七	六	五	四
十八	十七	十六	十五	十四	十三	十二	十一	十

	周	秦	魏	韓	趙	楚	燕	齊
437	四	六	晉幽公柳元年。服韓、魏。		二十一	五十二	十三	十九
436	五	七			二十二	五十三	十四	二十
435	六	八 六月，雨雪。日、月蝕。			二十三	五十四	十五	二十一
434	七	九			二十四	五十五	十六	二十二
433	八	十			二十五	五十六	燕湣公元年	二十三
432	九	十一			二十六	五十七	二	二十四
431	十	十二	衛昭公元年。		二十七	楚簡王仲元年滅莒。	三	二十五
430	十一	十三 義渠伐秦，侵至渭陽。			二十八	二	四	二十六

429	428	427	426	425	424
十二	十三	十四	十五	威烈王元年 集解 徐廣曰：「丙辰」。索隱 名午，考王子。	二
十四	秦懷公元年 生靈公。	二	三	四 庶長鼂殺懷公。太子蚤死，大臣立太子之子，為靈公。	秦靈公元年 生獻公。
				衛悼公亹元年。	魏文侯斯元年 索隱 生武侯擊也。
					韓武子元年 索隱 武子啟章生景侯虔。
二十九	三十	三十一	三十二	三十三 襄子卒。	趙桓子元年 索隱 桓子嘉，襄子弟也。元年卒，明年國人共立襄子子獻侯浣也。
三 魯悼公卒。	四 魯元公元年。	五	六	七	八
五	六	七	八	九	十
二十七	二十八	二十九	三十	三十一	三十二

	周	秦	魏	韓	趙	楚	燕	齊
423	三	二	二	二　鄭幽公元年。韓殺之。	趙獻侯元年	九	十一	三十三
422	四	三　作上下畤。	三	三　鄭立幽公子，為繻公，元年。	二	十	十二	三十四
421	五	四	四	四	三	十一	十三	三十五
420	六	五	五　魏誅晉幽公，立其弟止。	五	四	十二	十四	三十六
419	七	六	六　晉烈公止元年。魏城少梁。	六	五	十三	十五	三十七
418	八	七　與魏戰少梁。	七	七	六	十四	十六	三十八

417	416	415
九	十	十一
八 城塹河瀕。初以君主妻河。 索隱 謂初以此年取他女為君主，君主猶公主也。妻河，謂嫁之河伯，故魏俗猶為河伯取婦，蓋其遺風。殊異其事，故云「初」。	九	十 補龐，城籍姑。靈公卒，立其季父悼子，是為
八 復城少梁。	九	十
八	九	十
七	八	九
十五	十六	十七
十七	十八	十九
三十九	四十	四十一

		414	413	412
周		十二	十三	十四
秦	公。索隱　案：龐及籍姑皆城邑之名。補者，脩也，謂脩龐而城籍姑也。	秦簡公元年	二　與晉戰，敗鄭下。	三
魏		十一　衞慎公元年。	十二	十三
韓		十一	十二	十三
趙		十　中山武公初立。集解　徐廣曰：「周定王之孫，西周桓公之子。」	十一	十二
楚		十八	十九	二十
燕		二十	二十一	二十二
齊		四十二	四十三　伐晉，毀黃城，圍陽狐。	四十四

	411	410	409	408
	十五	十六	十七	十八
	四	五 日蝕。	六 初令吏帶劍。	七 塹洛，城重泉。初租禾。
公子擊圍繁龐，出其民。	十四	十五	十六 伐秦，築臨晉、元里。	十七 擊（宋）〔守〕中山。伐秦至鄭，還築洛陰、合
	十四	十五	十六	韓景侯虔元年 伐鄭，取雍丘。鄭城京。
	十三 城平邑。	十四	十五	趙烈侯籍元年 魏使太子伐中山。
	二十一	二十二	二十三	二十四 簡王卒。
	二十三	二十四	二十五	二十六
伐魯、莒及安陽。	四十五 伐魯，取都。集解 徐廣曰：「世家云取一城。」	四十六	四十七	四十八 取魯郕。

		407	406	405
周		十九	二十	二十一
秦		八	九	十
魏	陽。集解 徐廣曰：「一云擊宋中山，置合陽。世家云攻秦，至鄭而還，築雒陰、合陽。」	十八 文侯受經子夏。過段干木之閭常式。	十九	二十 卜相，李克、翟璜爭。
韓		二 鄭敗韓于負黍。	三	四
趙		二	三	四
楚		楚聲王當元年 魯穆公元年。	二	三
燕		二十七	二十八	二十九
齊		四十九 與鄭會于西城。伐衛，取毌丘。索隱 音館。	五十	五十一 田會以廩丘反。

404	403	402	401	400
二十二	二十三 九鼎震。	二十四	安王元年 集解 徐廣曰：「庚辰」。	二
十一	十二	十三	十四 伐魏，至陽狐。	十五
二十一	二十二 初為侯。	二十三	二十四 秦伐我，至陽狐。	二十五 太子罃生。
五	六 初為侯。	七	八	九 鄭圍陽翟。
五	六 初為侯。	七 烈侯好音，欲賜歌者田，徐越侍以仁義，乃止。	八	九
四	五 魏、韓、趙始列為諸侯。	六 盜殺聲王。	楚悼王類元年	二 三晉來伐我，至（桑）〔乘〕丘。
三十	三十一	燕釐公元年	二	三
齊康公貸元年	二 宋悼公元年。	三	四	五

	399	398	397	396
周	三 王子定奔晉。	四	五	六
秦	秦惠公元年 索隱 簡公子，史無名。	二	三 日蝕。	四
魏	二十六 虢山崩，壅河。	二十七	二十八	二十九
韓	韓烈侯元年 索隱 名取。系本作「武侯」也。	二 鄭殺其相駟子陽。	三 （鄭人殺君）三月，盜殺韓相俠累。集解 徐廣曰：「一作『法其』。」	四 鄭相子陽之徒殺其君繻公。
趙	趙武公元年	二	三	四
楚	三 歸榆關于鄭。	四 敗鄭師，圍鄭。鄭人殺子陽。	五	六
燕	四	五	六	七
齊	六	七	八	九

395	394	393	392	391	390
七	八	九	十	十一	十二
五　伐（緜）〔諸緜〕。	六	七	八	九　伐韓宜陽，取六邑。	十　與晉戰武城。縣陝。
三十	三十一	三十二　伐鄭，城酸棗。	三十三　晉孝公傾元年。	三十四	三十五　齊伐取襄陵。
五　鄭康公元年。	六　救魯。鄭負黍反。	七	八	九　秦伐宜陽，取六邑。	十
五	六	七	八	九	十
七	八	九　伐韓，取負黍。	十	十一	十二
八	九	十	十一	十二	十三
十　宋休公元年。	十一　伐魯，取最。	十二	十三	十四	十五　魯敗我平陸。

	389	388	387	386	385
周	十三	十四	十五	十六	十七
秦	十一 太子生。	十二	十三 蜀取我南鄭。	秦出公元年 索隱　惠公子。	二 庶長改迎靈公太子，立
魏	三十六 秦侵陰晉。	三十七	三十八	魏武侯 索隱　名擊。 元年 襲邯鄲，敗焉。	二 城安邑、王垣。
韓	十一	十二	十三	韓文侯元年	二 伐鄭，取陽城。伐宋，
趙	十一	十二	十三	趙敬侯元年 武公子朝作亂，奔魏。	二
楚	十三	十四	十五	十六	十七
燕	十四	十五	十六	十七	十八
齊	十六 與晉、衛會濁澤。	十七	十八	十九 田常曾孫田和始列為諸侯。遷康公海上，食一城。 索隱　和，田常曾孫，二年，亦號太公。	二十 伐魯，破之。田和卒。

	384	383	382	381	380
	十八	十九	二十	二十一	二十二
為獻公。誅出公。	秦獻公元年 索隱 名師隰，靈公太子。	二 城櫟陽。	三 日蝕，晝晦。	四 孝公生。	五
	三	四	五	六	七 伐齊，至桑丘。
到彭城，執宋君。	三	四	五	六	七 伐齊，至桑丘。
	三	四 魏敗我兔臺。索隱 兔，土故反。字亦作「菟」。	五	六	七 伐齊，至桑丘。
	十八	十九	二十	二十一	楚肅王臧元年
	十九	二十	二十一	二十二	二十三
	二十一 田和子桓公午立。	二十二	二十三	二十四	二十五 伐燕，取桑丘。

		379	378	377	376
周		二十三	二十四	二十五	二十六
秦		六 初縣蒲、藍田、善明氏。	七	八	九
魏		八	九 翟敗我澮。伐齊，至靈丘。	十 晉靜公俱酒元年。	十一 魏、韓、趙滅晉，絕無後。
韓	鄭敗晉。	八	九 伐齊，至靈丘。	十	韓哀侯元年分晉國。
趙		八 襲衞，不克。	九 伐齊，至靈丘。	十	十一 分晉國。
楚		二	三	四 蜀伐我茲方。	五 魯共公元年。
燕		二十四	二十五	二十六	二十七
齊		二十六 康公卒，田氏遂幷齊而有之。太公望之後絕祀。	齊威王因（齊）元年自田常至威王，威王始以齊彊天下。	二	三 三晉滅其君。

375	374	373	372
烈王元年 集解 徐廣曰：「丙午」。	二	三	四
十 日蝕。	十一 縣櫟陽。	十二	十三
十二	十三	十四	十五 衞聲公元年。敗趙北藺。
二 滅鄭。康公二十年滅，無後。	三	四	五
十二	趙成侯元年	二	三 伐衞，取都鄙七十三。魏敗我藺。
六	七	八	九
二十八	二十九	三十 敗齊林孤。	燕桓公元年
四	五	六 魯伐入陽關。晉伐我至鱄陵。索隱 劉氏鱄音屬沇反，又音專。	七 宋辟公元年。索隱 辟音壁。辟公名辟兵，生剔成。案：宋後微弱，君

		371	370	369	368	367
周		五	六 集解 徐廣曰：「齊威王朝周。」	七	顯王元年 集解 徐廣曰：「癸丑」。	二
秦		十四	十五	十六 民大疫，日蝕。	十七 櫟陽雨金，四月至八月。	十八
魏		十六 伐楚，取魯陽。	惠王元年	二 敗韓馬陵。	三 齊伐我觀。	四
韓		六 韓嚴殺其君。	莊侯元年 索隱 系家作「懿侯」，系本無。	二 魏敗我馬陵。	三	四
趙		四	五 伐齊于甄。魏敗我懷。	六 敗魏涿澤，圍惠王。	七 侵齊，至長城。	八
楚		十 魏敗我魯陽。	十一	楚宣王良夫元年	二	三
燕		二	三	四	五	六
齊	薨未必有謚，辟兵其名也，猶剔成然也。	八	九 趙伐我甄。	十 宋剔成元年。	十一 伐魏，取觀。趙侵我長城。	十二

362	363	364	365	366
七	六	五 賀秦。	四	三
二十三 與魏戰少梁	二十二	二十一 章蟜集解徐廣曰：「一云『車騎』與」。晉戰石門，集解徐廣曰：「一作『阿』。」斬首六萬，天子賀。	二十	十九 敗韓、魏洛陰。
九 與秦戰少梁	八	七	六 伐宋取儀臺。	五 與韓會宅陽。城武都。
九 魏敗我于澮	八	七	六	五
十三 魏敗我于澮。	十二	十一	十	九
八	七	六	五	四
十一	十	九	八	七
十七	十六	十五	十四	十三

		361	360	359	358
周		八	九 致胙于秦。集解　徐廣曰：「紀年東周惠公傑薨。」	十	十一
秦	，虜其太子。	秦孝公元年 彗星見西方。	二 天子致胙。	三	四
魏	，虜我太子。	十 取趙皮牢。衞成侯元年。	十一	十二 星晝墮，有聲。	十三
韓	。大雨三月。	十	十一	十二	韓昭侯元年 秦敗我西山。
趙		十四	十五	十六	十七
楚		九	十	十一	十二
燕		燕文公元年	二	三	四
齊		十八	十九	二十	二十一 鄒忌以鼓琴見威王。

357	356	355	354
十二	十三	十四	十五
五	六	七　與魏王會杜平。	八　與魏戰元里
十四　與趙會鄗。	十五　魯、衛、宋、鄭侯來。集解　徐廣曰：「紀年一曰『魯共侯來朝。邯鄲成侯會燕成侯平安邑』。」	十六　與秦孝公會杜平。侵宋黃池，宋復取之。	十七　與秦戰元里
二　宋取我黃池。魏取我朱。	三	四	五
十八　趙孟如齊。	十九　與燕會(河)〔阿〕。與齊、宋會平陸。	二十	二十一　魏圍我邯鄲。
十三　君尹黑迎女秦。	十四	十五	十六
五	六	七	八
二十二　封鄒忌為成侯。	二十三　與趙會平陸。	二十四　與魏會田於郊。	二十五

		353	352	351	350
周		十六	十七	十八	十九
秦	，斬首七千，取少梁。	九	十 衛公孫鞅為大良造，伐安邑，降之。	十一 城商塞。衛鞅圍固陽，降之。	十二 初（取）〔聚〕小邑為三十一縣，
魏	，秦取我少梁。	十八 邯鄲降。齊敗我桂陵。	十九 諸侯圍我襄陵。築長城，塞固陽。	二十 歸趙邯鄲。	二十一 與秦遇彤。索隱 彤，地名，賜商君，死彤地
韓		六 伐東周，取陵觀、廩丘。	七	八 申不害相。	九
趙		二十二 魏拔邯鄲。	二十三	二十四 魏歸邯鄲，與魏盟漳水上。	二十五
楚		十七	十八 魯康公元年。	十九	二十
燕		九	十	十一	十二
齊		二十六 敗魏桂陵。	二十七	二十八	二十九

	349	348	347	346
	二十	二十一	二十二	二十三
令。為田，開阡陌。	十三 初為縣，有秩史。	十四 初為賦。	十五	十六
，劉氏云「阡陌道」，非也。	二十二	二十三	二十四	二十五
	十 韓姬弒其君悼公。索隱 姬，一作「玘」，同音怡，韓之大夫姓名。案：韓無悼公，所未詳也。	十一 昭侯如秦。	十二	十三
	趙肅侯元年 索隱 名語。	二	三 公子范襲邯鄲，不勝，死。	四
	二十一	二十二	二十三	二十四
	十三	十四	十五	十六
	三十	三十一	三十二	三十三 殺其大夫牟辛。

	345	344	343	342
周	二十四	二十五 諸侯會。	二十六 致伯秦。	二十七
秦	十七	十八	十九 城武城。從東方牡丘來歸。天子致伯。	二十 諸侯畢賀。會諸侯于澤。集解　徐廣曰：「紀年作『逢澤』。」朝天子。
魏	二十六	二十七 丹封名會。丹，魏大臣。	二十八	二十九 中山君為相。
韓	十四	十五	十六	十七
趙	五	六	七	八
楚	二十五	二十六	二十七 魯景公偃元年。	二十八
燕	十七	十八	十九	二十
齊	三十四	三十五 田忌襲齊，不勝。	三十六	齊宣王辟彊元年

341	340	339
二十八	二十九	三十
二十一　馬生人。	二十二　封大良造商鞅。	二十三　與晉戰岸門。
三十　齊虜我太子申，殺將軍龐涓。	三十一　秦商君伐我，虜我公子卬。	三十二　公子赫為太子。
十八	十九	二十
九	十	十一
二十九	三十	楚威王熊商元年。
二十一	二十二	二十三
二　敗魏馬陵。田忌、田嬰、田朌將，孫子為師。集解　徐廣曰：「楚世家云田朌者，齊之將，而齊世家不說田朌，或者是時三人皆出征乎？」	三　與趙會，伐魏。	四

	338	337	336	335	334
周	三十一	三十二	三十三 賀秦。	三十四	三十五
秦	二十四 （秦）大荔圍合陽。孝公薨。商君反，死彤地。	秦惠文王元年。楚、韓、趙、蜀人來。	二 天子賀。行錢。宋太丘社亡。	三 王冠。拔韓宜陽。	四 天子致文武
魏	三十三 衞鞅亡歸我，我恐，弗內。	三十四	三十五 孟子來，王問利國，對曰：「君不可言利。」	三十六	魏襄王元年 與諸侯會徐
韓	二十一	二十二 申不害卒。	二十三	二十四 秦拔我宜陽。	二十五 旱。作高門
趙	十二	十三	十四	十五	十六
楚		三	四	五	六
燕	二十四	二十五	二十六	二十七	二十八 蘇秦說燕。
齊	五	六	七 與魏會平阿南。	八 與魏會于甄。	九 與魏會徐州

	333	332	331	330
	三十六	三十七	三十八	三十九
胙。魏夫人來。	五 陰晉人犀首為大良造。	六 魏以陰晉為和，命曰寧秦。集解 徐廣曰：「今之華陰。」	七 義渠內亂，庶長操將兵定之。	八 魏入（少梁）
州，以相王。	二 秦敗我彫陰。	三 伐趙。衛平侯元年。	四	五 與秦河西地
，屈宜臼曰：「昭侯不出此門」。	二十六 高門成，昭侯卒，不出此門。	韓宣惠王元年	二	三
	十七	十八 齊、魏伐我，我決河水浸之。	十九	二十
	七 圍齊于徐州。	八	九	十
	二十九	燕易王元年	二	三
，諸侯相王。	十 楚圍我徐州。	十一 與魏伐趙。	十二	十三

		329	328	327	326
周		四十	四十一	四十二	四十三
秦	河西地于秦。	九 度河，取汾陰、皮氏。圍焦，降之。與魏會應。	十 張儀相。公子桑圍蒲陽，降之。魏納上郡。	十一 義渠君為臣。歸魏焦、曲沃。	十二 初臘。會龍門。
魏	少梁。秦圍我焦、曲沃。	六 與秦會應。秦取汾陰、皮氏。	七 入上郡于秦。	八 秦歸我焦、曲沃。	九
韓		四	五	六	七
趙		二十一	二十二	二十三	二十四
楚		十一 魏敗我陘山。	楚懷王槐元年	二	三
燕		四	五	六	七
齊		十四	十五 宋君偃元年。	十六	十七

325	324	323	322	321	320
四十四	四十五	四十六	四十七	四十八	慎靚王元年 集解徐廣曰：「辛丑」。
十三 四月戊午，君為王。	相張儀將兵取陝。初更元年	二 相張儀與齊楚會齧桑。	三 張儀免相，相魏。	四	五 王北遊戎地，至河上。
十	十一 衛嗣君元年。	十二	十三 秦取曲沃。平周女化為丈夫。	十四	十五
八 魏敗我韓舉。	九	十 君為王。	十一	十二	十三
趙武靈王元年 魏敗我趙護。	二 城鄗。	三	四 與韓會區鼠。	五 取韓女為夫人。	六
四	五	六 敗魏襄陵。	七	八	九
八	九	十 君為王。	十一	十二	燕王噲元年
十八	十九	齊湣王地元年	二	三 封田嬰於薛。	四 迎婦于秦。

	319	318	317	316	315
周	二	三	四	五	六
秦	六	七 五國共擊秦，不勝而還。	八 與韓、趙戰，斬首八萬。張儀復相。	九 擊蜀，滅之。取趙中都、西陽。（安邑）	十
魏	十六	魏哀王元年 擊秦不勝。	二 齊敗我觀澤。	三	四
韓	十四 秦來擊我，取鄢。	十五 擊秦不勝。	十六 秦敗我脩魚，得（韓）將軍申差。	十七	十八
趙	七	八 擊秦不勝。	九 與韓、魏擊秦。齊敗我觀澤。	十 秦取我中都、西陽。（安邑）	十一 秦敗我將軍英。
楚	十 城廣陵。	十一 擊秦不勝。	十二	十三	十四
燕	二	三 擊秦不勝。	四	五 君讓其臣子之國，顧為臣。	六
齊	五	六 宋自立為王。	七 敗魏、趙觀澤。	八	九

314	313	312
周赧王元年 集解 徐廣曰：「丁未」。索隱 赧音尼簡反。宋衷曰：「赧，諡也。」皇甫謐云名誕也。	二	三
十一 侵義渠，得二十五城。	十二 樗里子擊藺陽，虜趙將。公子繇通封蜀。索隱 繇音由。秦之公子。	十三 庶長章擊楚，斬首八萬。
五 秦拔我曲沃，歸其人。走犀首岸門。	六 秦來立公子政為太子。與秦王會臨晉。	七 擊齊，虜聲子於濮。與秦擊燕。
十九	二十	二十一 （秦）〔我〕助（我）
十二 集解 徐廣曰：「紀年云立燕公子職。」	十三 秦拔我藺，虜將趙莊。	十四
十五 魯平公元年。	十六 張儀來相。	十七 秦敗我將屈匄。索隱 匄音
七 君噲及太子相子之皆死。	八	九 燕人共立公子平。
十	十一	十二

		311	310	309	308
周		四	五	六	七
秦		十四 蜀相殺蜀侯。	秦武王元年 誅蜀相壯。張儀、魏章皆(死于)〔出之〕魏。	二 初置丞相，樗里子、甘茂為丞相。	三
魏		八 圍衞。	九 與秦會臨晉。	十 張儀死。	十一 與秦會應。集解 徐廣曰：「在潁川父城」。
韓	〔秦〕攻楚，圍景座。	韓襄王元年	二	三	四 與秦會臨晉。秦擊我宜陽。
趙		十五	十六 吳廣入女，生子何，立為惠王后。	十七	十八
楚	蓋。楚大夫。	十八	十九	二十	二十一
燕		燕昭王元年	二	三	四
齊		十三	十四	十五	十六

303	304	305	306	307
十二	十一	十	九	八
四　彗星見。	三	二　彗星見。桑君為亂，誅。	秦昭〔襄〕王元年	四　拔宜陽城，斬首六萬。涉河，城武遂。
十六　秦拔我蒲坂、晉陽、封陵。	十五	十四　秦武王后來歸。	十三　秦擊皮氏，未拔而解。	十二　太子往朝秦。
九　秦取武遂。	八	七	六　秦復與我武遂。	五　秦拔我宜陽，斬首六萬。
二十三	二十二	二十一	二十	十九　初胡服。
二十六　太子質秦。	二十五　與秦王會黃棘，秦復歸我上庸。	二十四　秦來迎婦。	二十三	二十二
九	八	七	六	五
二十一	二十	十九	十八	十七

	302	301	300	299
周	十三	十四	十五	十六
秦	五 魏王來朝。	六 蜀反，司馬錯往誅蜀守煇，定蜀。日蝕，晝晦。伐楚。	七 樗里疾卒。擊楚，斬首三萬。魏冄為相。	八 楚王來，因留之。
魏	十七 與秦會臨晉，復〔歸〕我蒲坂。	十八 與秦擊楚。	十九	二十 與齊王會于韓。
韓	十 太子嬰與秦王會臨晉，因至咸陽而歸。	十一 秦取我穰。與秦擊楚。	十二	十三 齊、魏王來。立咎為太子。
趙	二十四	二十五 趙攻中山。惠后卒。	二十六	二十七
楚	二十七	二十八 秦、韓、魏、齊敗我將軍唐眛於重丘。	二十九 秦取我襄城，殺景缺。	三十 王入秦。秦取我八城。
燕	十	十一	十二	十三
齊	二十二	二十三 與秦擊楚，使公子將，大有功。	二十四 秦使涇陽君來為質。	二十五 涇陽君復歸秦。薛文入相秦。

298	297	296	295
十七	十八	十九	二十
九	十 楚懷王亡之趙，趙弗內。	十一 彗星見。復與魏封陵。	十二 樓緩免。穰侯魏冄為丞相。
二十一 與齊、韓共擊秦于函谷。河、渭絕一日。	二十二	二十三	魏昭王元年 秦尉錯來擊我襄。
十四 與齊、魏共擊秦。	十五	十六 （與齊魏擊秦）秦與我武遂和。	韓釐王咎元年
趙惠文王元年 以公子勝為相，封平原君。	二 楚懷王亡來，弗內。	三	四 圍殺主父。與齊、燕共滅中山。
楚頃襄王元年 秦取我十六城。	二	三 懷王卒于秦，來歸葬。	四 魯文（侯）〔公〕元年。 集解　徐廣曰：「一作『湣』。」
十四	十五	十六	十七
二十六 與魏、韓共擊秦。孟嘗君歸相齊。	二十七	二十八	二十九 佐趙滅中山。

	294	293	292	291	290	289
周	二十一	二十二	二十三	二十四	二十五	二十六
秦	十三 任鄙為漢中守。	十四 白起擊伊闕，斬首二十四萬。	十五 魏冄免相。	十六	十七 魏入河東四百里。	十八 客卿錯擊魏
魏	二 與秦戰，（解）〔我〕不利。	三 佐韓擊秦，秦敗我兵伊闕。	四	五	六 芒卯以詐見重。	七 秦擊我。取
韓	二	三 秦敗我伊闕，〔斬首〕二十四萬，虜將喜。	四	五 秦拔我宛城。	六 與秦武遂地方二百里。	七
趙	五	六	七	八	九	十
楚	五	六	七 迎婦秦。	八	九	十
燕	十八	十九	二十	二十一	二十二	二十三
齊	三十 田甲劫王，相薛文走。	三十一	三十二	三十三	三十四	三十五

	288	287	286	285
	二十七	二十八	二十九	三十
，至軹，取城大小六十一。	十九 十月為帝，十二月復為王。任鄙卒。	二十	二十一 魏納安邑及河內。	二十二 蒙武擊齊。
城大小六十一。	八	九 秦拔我新垣、曲陽之城。	十 宋王死我溫。	十一
	八	九	十 秦敗我兵夏山。	十一
	十一 秦拔我桂陽。集解 徐廣曰：「一作『梗』。」	十二	十三	十四 與秦會中陽。
	十一	十二	十三	十四 與秦會宛。
	二十四	二十五	二十六	二十七
	三十六 為東帝二月，復為王。	三十七	三十八 齊滅宋。	三十九 秦拔我列城九。

	284	283	282	281	280
周	三十一	三十二	三十三	三十四	三十五
秦	二十三 尉斯離與韓、魏、燕、趙共擊齊，破之。	二十四 與楚會穰。	二十五	二十六 魏冄復為丞相。	二十七 擊趙，斬首三萬。地動，壞城。
魏	十二 與秦擊齊濟西。與秦王會西周。	十三 秦拔我安城，兵至大梁而還。	十四 大水。衞懷君元年。	十五	十六
韓	十二 與秦擊齊濟西。與秦王會西周。	十三	十四 與秦會兩周閒。	十五	十六
趙	十五 取齊昔陽。	十六	十七 秦拔我兩城。	十八 秦拔我石城。	十九 秦敗我軍，斬首三萬。
楚	十五 取齊淮北。	十六 與秦王會穰。	十七	十八	十九 秦擊我，與秦漢北及上庸地。
燕	二十八 與秦、三晉擊齊，燕獨入至臨菑，取其寶器。	二十九	三十	三十一	三十二
齊	四十 五國共擊湣王，王走莒。	齊襄王法章元年	二	三	四

279	278	277	276	275
三十六	三十七	三十八	三十九	四十
二十八	二十九 白起擊楚，拔郢，更東至竟陵，以為南郡。	三十 白起封為武安君。	三十一	三十二
十七	十八	十九	魏安釐王元年。秦拔我兩城。封弟公子無忌為信陵君。	二 秦拔我兩城，軍大梁下，韓來救，
十七	十八	十九	二十	二十一 暴鳶救魏，為秦所敗，走開封。
二十 與秦會黽池，藺相如從。	二十一	二十二	二十三	二十四
二十 秦拔鄢、西陵。	二十一 秦拔我郢，燒夷陵，王亡走陳。	二十二 秦拔我巫、黔中。	二十三 秦所拔我江旁反秦。	二十四
三十三	燕惠王元年	二	三	四
五 殺燕騎劫。	六	七	八	九

		274	273	272	271
周		四十一	四十二	四十三	四十四
秦		三十三	三十四 白起擊魏華陽軍，芒卯走，得三晉將，斬首十五萬。	三十五	三十六
魏	與秦溫以和。	三 秦拔我四城，斬首四萬。	四 與秦南陽以和。	五 擊燕。	六
韓		二十二	二十三	韓桓惠王元年	二
趙		二十五	二十六	二十七	二十八 藺相如攻齊，至平邑。
楚		二十五	二十六	二十七 擊燕。魯頃公元年。	二十八
燕		五	六	七	燕武成王元年
齊		十	十一	十二	十三

270	269	268	267	266
四十五	四十六	四十七	四十八	四十九
三十七	三十八	三十九	四十　太子質於魏者死，歸葬芷陽。	四十一
七	八	九　秦拔我懷城。	十	十一　秦拔我廩丘。集解　徐廣曰：「或作
三	四	五	六	七
二十九　秦擊我閼與。趙奢將擊秦，大敗之，賜號曰馬服。	三十　秦擊我閼與不拔。	三十一	三十二	三十三
二十九	三十	三十一	三十二	三十三
二	三	四	五	六
十四　秦擊我剛壽。	十五	十六	十七	十八

年	周	秦	魏	韓	趙	楚	燕	齊
			『邢丘』。」					
265	五十	四十二 宣太后薨。安國君為太子。	十二	八	趙孝成王元年。秦拔我三城。平原君相。	三十四	七 齊田單拔中陽。	十九
264	五十一	四十三	十三	九 秦拔我陘。城汾旁。	二	三十五	八	齊王建元年
263	五十二	四十四 (秦)攻韓，取南陽。集解徐廣曰：「一作『郡』。」	十四	十 秦擊我太行。	三	三十六	九	二
262	五十三	四十五 (秦)攻韓，取十城。	十五	十一	四	楚考烈王元年。秦取我州。黃歇為相。	十	三

261	260	259	258	257	256
五十四	五十五	五十六	五十七	五十八	五十九 赧王卒。 集解 徐廣曰：「乙巳」。
四十六 王之南鄭。	四十七 白起破趙長平，殺卒四十五萬。	四十八	四十九	五十 王齕、鄭安平圍邯鄲，及齕還軍，拔新中。	五十一
十六	十七	十八	十九	二十 公子無忌救邯鄲，秦兵解去。	二十一 韓、魏、楚救趙新中，秦兵罷。
十二	十三	十四	十五	十六	十七 秦擊我陽城，救趙新中。
五 使廉頗拒秦於長平。	六 使趙括代廉頗將。白起破括四十五萬。	七	八	九 秦圍我邯鄲，楚、魏救我。	十
二	三	四	五	六 春申君救趙。	七 救趙新中。
十一	十二	十三	十四	燕孝王元年	二
四	五	六	七	八	九

	255	254	253	252	251
周					
秦	五十二 集解徐廣曰：「丙午」。取西周（王）王稽棄市。	五十三	五十四	五十五	五十六
魏	二十二	二十三	二十四	二十五 衞元君元年。	二十六
韓	十八	十九	二十	二十一	二十二
趙	十一	十二	十三	十四	十五 平原君卒。
楚	八 取魯，魯君封於莒。	九	十 徙於鉅陽。	十一	十二 柱國景伯死。
燕	三	燕王喜元年	二	三	四 伐趙，趙破我軍，殺栗腹。索隱人姓字燕相也。
齊	十	十一	十二	十三	十四

248	249	250
二 蒙驁擊趙榆次、新城、	秦莊襄王楚元年集解徐廣曰：「壬子」。 蒙驁取成皐、滎陽。初置三川郡。呂不韋相。取東周。	秦孝文王元年集解徐廣曰：「辛亥。文王后曰華陽后，生莊襄王子楚，母曰夏太后。」
二十九	二十八	二十七
二十五	二十四 秦拔我成皐、滎陽。	二十三
十八	十七	十六
十五 春申君徙封於吳。	十四 楚滅魯，頃公遷卞，為家人，絕祀。	十三
七	六	五
十七	十六	十五

	（前頁續）	247	246
周			
秦	狼孟，得三十七城。日蝕。	三 王齮擊上黨。集解 徐廣曰「齮，一作『齕』。」初置太原郡。魏公子無忌率五國卻我軍河外，蒙驁解去。	始皇帝元年 集解 徐廣曰「乙卯」。擊取晉陽，作鄭國渠。
魏		三十 無忌率五國兵敗秦軍河外。	三十一
韓		二十六 秦拔我上黨。	二十七
趙		十九	二十 秦拔我晉陽。
楚		十六	十七
燕		八	九
齊		十八	十九

	245	244	243	242	241	240
	二	三 蒙驁擊韓，取十三城。王齮死。	四 七月，蝗蔽天下。百姓納粟千石，拜爵一級。	五 蒙驁取魏酸棗二十城。初置東郡。	六 五國共擊秦。	七 彗星見北方西方。夏太后薨。蒙驁死。
	三十二	三十三	三十四 信陵君死。	魏景湣王元年 秦拔我二十城。	二 秦拔我朝歌。 衞從濮陽徙野王。	三 秦拔我汲。
	二十八	二十九 秦拔我十三城。	三十	三十一	三十二	三十三
	二十一	趙悼襄王偃元年	二 太子從質秦歸。	三 趙相、魏相會（魯）柯，盟。	四	五
	十八	十九	二十	二十一	二十二 王東徙壽春，命曰郢。	二十三
	十	十一	十二 趙拔我武遂、方城。	十三 劇辛死於趙。	十四	十五
	二十	二十一	二十二	二十三	二十四	二十五

	秦	魏	韓	趙	楚	燕	齊
239	八 嫪毐封長信	四	三十四	六	二十四	十六	二十六
238	九 彗星見，竟天。嫪毐為亂，遷其舍人于蜀。彗星復見。	五 秦拔我垣、蒲陽、衍。	韓王安元年	七	二十五 李園殺春申君。	十七	二十七
237	十 相國呂不韋免。齊、趙來，置酒。太后入咸陽。大索。	六	二	八 入秦，置酒。	楚幽王悼元年	十八	二十八 入秦，置酒。
236	十一 呂不韋之河南。王翦擊鄴、閼與，取九城。	七	三	九 秦拔我閼與、鄴，取九城。	二	十九	二十九
235	十二 發四郡兵助魏擊楚。呂不韋卒。復嫪毐舍人遷蜀者。	八 秦助我擊楚。	四	趙王遷元年 集解 徐廣曰：「幽愍元年」。	三 秦、魏擊我。	二十	三十

234	233	232	231
十三 桓齮擊平陽，殺趙扈輒，斬首十萬，因東擊。趙王之河南。彗星見。	十四 桓齮定平陽、武城、宜安。韓使非來，我殺非。韓王請為臣。	十五 興軍至鄴。軍至太原。取狼孟。	十六 置麗邑。發卒受韓南陽。
九	十	十一	十二 獻城秦。
五	六	七	八 秦來受地。
二 秦拔我平陽，敗扈輒。索隱 扈輒，趙將，漢別有扈輒也。斬首十萬。	三 秦拔我宜安。	四 秦拔我狼孟、鄱吾，索隱 鄱音婆，又音盤，縣名，在常山。軍鄴。	五 地大動。
四	五	六	七
二十一	二十二	二十三 太子丹質於秦，亡來歸。	二十四
三十一	三十二	三十三	三十四

	230	229	228	227	226
秦	十七 內史（勝）〔騰〕擊得韓王安，盡取其地，置潁川郡。華陽太后薨。	十八	十九 王翦拔趙，虜王遷（之）邯鄲。帝太后薨。	二十 燕太子使荊軻刺王，覺之。王翦將擊燕。	二十一 王賁擊楚。
魏	十三	十四 衞君角元年	十五	魏王假元年	二
韓	九 秦虜王安，秦滅韓。				
趙	六	七	八 秦王翦虜王遷邯鄲。公子嘉自立為代王。	代王嘉元年	二
楚	八	九	十 幽王卒，弟郝立，為哀王。三月，負芻殺哀王。	楚王負芻元年。負芻，哀王庶兄。	二 秦大破我，取十城。
燕	二十五	二十六	二十七	二十八 太子丹使荊軻刺秦王，秦伐我。	二十九 秦拔我薊，得太子丹。王徙遼東。
齊	三十五	三十六	三十七	三十八	三十九

225	二十二 王賁擊魏，得其王假。盡取其地。	三 秦虜王假。		三	三	三十	四十
224	二十三 王翦、蒙武擊破楚軍，殺其將項燕。			四	四 秦破我將項燕。	三十一	四十一
223	二十四 王翦、蒙武破楚，虜其王負芻。			五	五 秦虜王負芻。秦滅楚。	三十二	四十二
222	二十五 王賁擊燕，虜王喜。又擊得代王嘉，五月，天下大酺。			六 秦將王賁虜王嘉，秦滅趙。		三十三 秦虜王喜，拔遼東，秦滅燕。	四十三
221	二十六 王賁擊齊，虜王建。初并天下，立為皇帝。						四十四 秦虜王建。秦滅齊。
220	二十七 更命河為「德水」。為金人十二。命民曰「黔首」。同天下書。分為三十六郡。						
219	二十八 為阿房宮。之衡山。治馳道。帝之琅邪，道南郡入。為太極廟。賜戶三十，爵一級。						
218	二十九 郡縣大索十日。帝之琅邪，道上黨入。						
217	三十						

216	三十一	更命臘曰「嘉平」。賜黔首里六石米二羊，以嘉平。大索二十日。
215	三十二	帝之碣石，道上郡入。
214	三十三	遣諸逋亡及賈人贅壻略取陸梁，為桂林、南海、象郡，以適戍。西北取戎為（四）〔三〕十四縣。集解　徐廣曰：「一云四十四縣是也。又云二十四縣。」築長城河上，蒙恬將三十萬。
213	三十四	適治獄不直者築長城。（及）〔取〕南方越地。覆獄故失。
212	三十五	為直道，道九泉，通甘泉。
211	三十六	徙民於北河、榆中，耐徙三處，集解　徐廣曰：「一作『家』。」拜爵一級。石晝下東郡，有文言「地分」。
210	三十七	十月，帝之會稽、琅邪，還至沙丘崩。子胡亥立，為二世皇帝。殺蒙恬。道九原入。復行錢。
209	二世元年	十月戊寅，大赦罪人。十一月，為兔園。十二月，就阿房宮。其九月，郡縣皆反。楚兵至戲，章邯擊卻之。出衛君角為庶人。
208	二	將軍章邯、長史司馬欣、都尉董翳追楚兵至河。誅丞相斯、去疾，將軍馮劫。
207	三	趙高反，二世自殺，高立二世兄子嬰。子嬰立，刺殺高，夷三族。諸侯入秦，嬰降，為項羽所殺。尋誅羽，天下屬漢。

卷十六　秦楚之際月表第四

所謂「秦楚之際」，即自秦二世元年（西曆紀元前二〇九年）至漢高祖滅項羽之年（西曆紀元前二〇二年），為時約五年至六年，其間，草莽英雄，綠林豪漢，各霸一方，稱孤道寡者，如雨後春筍，然皆倏焉而起，倏焉而仆，不可以年記，故以月為記事單位也。

太史公讀秦楚之際，曰：初作難，發於陳涉㈠；虐戾滅秦，自項氏㈡；撥亂誅暴，平定海內，卒踐帝祚，成於漢家㈢。五年之閒，號令三嬗㈣，自生民以來，未始有受命若斯之亟也㈤。

【註】㈠號召民眾，起而革命反秦，是陳涉首先發難的。㈡以殘酷手段，殺秦王子嬰，焚秦宮室，是項羽滅秦的。㈢撥亂誅暴，平定海內，終登帝位，是高祖所完成的。㈣五年之間，號令三變（嬗：音善ㄕㄢˋ，變更、替換。）㈤自從有生民以來，未嘗有受天之命像這樣的迅速的。（亟：急也，速也。）

昔虞、夏之興，積善累功數十年，德洽百姓，攝行政事，考之于天㈠，然後在位。湯、武之王，乃由契、后稷脩仁行義十餘世，不期而會孟津八百諸侯㊁，猶以為未可，其後乃放弒。秦起襄公，章於文、繆、獻、孝之後㊂，稍以蠶食六國㊃，百有餘載，至始皇乃能幷冠帶之倫㊄。以德若彼㊅，用力如此㊆，蓋一統若斯之難也㊇。

【註】㊀受上天的考驗，天意允許。㊁武王伐紂，會諸侯於孟津（河南孟津縣，在洛陽之北），不期而至者八百。㊂章：同「彰」，顯名，活躍。㊃蠶食：如蠶之食葉，是一口一口吃下去的，而不是一下子整個吞進的。㊄冠帶之倫：言其文明程度高於秦國者。到了始皇以武力併吞了文明程度比秦國為高的東方諸國。㊅像他們的先人那樣的積德累善。㊆而他們的子孫又是這樣的征伐不停。㊇原來統一天下是這樣的艱難啊！

秦既稱帝，患兵革不休，以有諸侯也㊀，於是無尺土之封，墮壞名城㊁，銷鋒鏑㊂，鉏豪桀㊃，維萬世之安㊄。然王跡之興，起於閭巷㊅，合從討伐，軼於三代㊆，鄉秦之禁㊇，適足以資賢者為驅除難耳㊈。故憤發其所為天下雄㊉，安在無土不王㊁？此乃傳之所謂大聖乎㊂？豈非天哉，豈非天哉！非大聖孰能當此受命而帝者乎⑬！

【註】㊀因為諸侯都佔有廣大的土地，掌握著軍權財權，所以動輒反抗中央或互相侵奪，而戰爭紛起，於是秦始皇統一之後，決定消滅諸侯。㊁墮壞名城，粉碎諸侯的軍事堡壘。㊂銷毀鋒鏑（鏑：音敵ㄉㄧˊ，金屬製之箭鏃），毀滅諸侯的武力資源。㊃鉏：同「鋤」，斬除，把有政治野心有號召能力之人，都斬除掉。㊄維：保持秦家子孫萬世一系而為皇帝的安全。㊅言漢高祖起於閭巷，出身平民。㊆軼：音逸（ㄧˋ），超過。言其合從討伐之才能與收效，超過於三代之商湯、周武。㊇鄉：同「向」，向日，昔日。㊈賢者：指高祖。言昔日秦始皇之禁止分封諸侯，削除地方勢力，正好是幫助（資）高祖來排除一切的困難而打倒孤立無援之秦朝。㊉所以高祖興致勃勃的積極憤發，要決心為天下之雄。⑪怎見得沒有封土就不能成王呢？⑫這莫非就是經傳上所謂「故大聖必得其位」嗎？⑬豈不是天意的安排嗎？如果不是大聖，誰能夠承當上天之命而為帝者啊！

秦楚之際月表

公元前209

秦	楚	項	趙	齊	漢	燕	魏	韓
二世元年 集解徐廣曰								

：「壬辰」。正義七月，陳涉起陳。八月，武臣起趙。九月，項梁起吳，田儋起齊，沛公初起，韓廣起燕。十二月，魏咎起魏，陳王立之。二年六月

，韓成起韓。項梁立之也。	七月
	楚隱王陳涉起兵入秦。索隱 二月，葛嬰立襄彊，涉之二月也。至戲，葛嬰殺彊。五月，周文死。六月，陳涉死。然涉起凡六月，當二世元年十二月也。

八月	九月　楚兵至戲。
二　葛嬰為涉徇九江，立襄彊為楚王。	三　周文兵至戲，敗。而（陳）〔葛〕嬰聞涉王，即殺彊。
	項梁號武信君。索隱　二世元年九月立，至二年九月，章邯殺梁於定陶。
武臣始至邯鄲，自立為趙王，始。索隱　凡四月，為李良所殺，當二世元年八月也。	二
	齊王田儋始。儋，狄人。諸田宗彊。從弟榮，榮弟橫。索隱　二世二年六月，章邯殺儋。儋立十月死。齊立田假。二世二年八月，田榮立儋子市為王。項羽又立市為
	沛公初起。索隱　凡十四月，懷王封沛公為武安侯，將碭郡兵。
	韓廣為趙略地至薊，自立為燕王始。索隱　二世三年十月，（破）〔使〕臧荼救趙，封荼為燕王，徙廣封遼東
	魏王咎始。咎在陳，不得歸國。集解　徐廣曰：「魏咎、曹咎字皆作『咎』音臼。」索隱　四月，咎自

	二年十月	十一月
	四　誅葛嬰。	五　周文死。
	二	三
	三	四　李良殺武臣，張耳、陳餘走。
膠東王，封田都為臨淄王，安為濟北王。田榮殺田市、田安，自立為王。羽擊榮，平原人殺之。田橫立榮子廣為王也。	二　儋之起，殺狄令自王。	三
	二　擊胡陵、方與，破秦監軍。	三　殺泗水守。集解　徐廣曰：「泗水屬東海。」拔薛西。周市東略地豐沛閒。
王，後臧荼殺韓廣。	二	三
陳歸，立。二年六月，咎自殺。九月，弟豹自立，都平陽。後豹歸漢，尋叛，韓信虜豹。	二	三　齊、趙共立周市，市不肯，曰「必立魏咎」云。

十二月	端月 索隱 二世二年正月也。秦諱正，故云端月也。	二月	三月
六 陳涉死。	楚王景駒始，秦嘉立之。 索隱 八月項梁殺之。	二 嘉為上將軍。	三
四	五 涉將召平矯拜項梁為楚柱國，急西擊秦。	六 梁渡江，陳嬰、黥布皆屬。	七
	趙王歇始，張耳、陳餘立之。 索隱 張耳、陳餘，項羽立為代王。後漢滅歇，立張耳也。	二	三
四	五 讓景駒以擅自王不請我。	六 景駒使公孫慶讓齊，誅慶。	七
四 雍齒叛沛公，以豐降魏。沛公還攻豐，不能下。	五 沛公聞景駒王在留，往從，與擊秦軍碭西。 集解 徐廣曰：「一作『蕭』。」	六 攻下碭，收得兵六千，與故凡九千人。	七 攻拔下邑，遂擊豐
四	五	六	七
四 咎自陳歸，立。	五 章邯已破涉，圍咎臨濟。	六	七

	四月	五月	六月 索隱 二世二年六月也。
	四		楚懷王始，都盱台，故懷王孫，梁立之。索隱 故懷王之孫名心也。項梁之起，諸侯尊為義帝，項羽徙而殺之。
	八 梁擊殺景駒、秦嘉，遂入薛，兵十餘萬眾。	九	十 梁求楚懷王孫，得之民閒，立為楚王。
	四	五	六
	八	九	十 儋救臨濟，章邯殺田儋。榮走東阿。
，豐不拔。聞項梁兵眾，往請擊豐。	八 沛公如薛見項梁，梁益沛公卒五千，擊豐，拔之。雍齒奔魏。	九	十 沛公如薛，共立楚懷王。
	八	九	十
	八 臨濟急，周市如齊、楚請救。	九	十 咎自殺，臨濟降秦。
			韓王成始。索隱 韓王成立，項羽更王之，不使就封，數月殺之，立鄭昌為韓王，降漢。漢封韓信為王。

月								
七月	二 陳嬰為柱國。	十一 天大雨，三月不見星。	七	齊立田假為王，秦急圍東阿。	十一 沛公與項羽北救東阿，破秦軍濮陽，東屠城陽。	十一	咎弟豹走東阿。	二
八月	三	十二 救東阿，破秦軍，乘勝至定陶，項梁有驕色。	八	楚救榮，得解歸，逐田假，立儋子市為齊王，始。	十二 沛公與項羽西略地，斬三川守李由於雍丘。	十二		三
九月	四 徙都彭城。	十三 章邯破殺項梁於定陶，項羽恐，還軍彭城。	九	二 田假走楚，楚趣齊救趙。田榮以假故，不肯，謂「楚殺假乃出兵」。項羽怒田榮。	十三 沛公聞項梁死，還軍，從懷王，軍於碭。	十三	魏豹自立為魏王，都平陽，始。	四
後九月 集解徐廣曰	五 拜宋義為上將軍。	懷王封項羽於魯，為次將，屬宋義，北救趙。	十 秦軍圍歇鉅鹿，陳餘出（救）	三	十四 懷王封沛公為武安侯，將碭郡兵西，約先至咸陽王之。	十四	二	五

207

：「應閏建酉」。	三年十月	十一月	十二月	端月
	六	七 拜籍上將軍。	八	九
	二	三 羽矯殺宋義，將其兵渡河救鉅鹿。	四 大破秦軍鉅鹿下，諸侯將皆屬項羽。	五 虜秦將王離。
〔收〕兵。	十一 章邯破邯鄲，徙其民於河內。	十二	十三 楚救至，秦圍解。	十四 張耳怒陳餘，棄將印去。
	四 齊將田都叛榮，往助項羽救趙。	五	六 故齊王建孫田安下濟北，從項羽救趙。	七
	十五 攻破東郡尉及王離軍於成武南。	十六	十七 （救趙）至栗，得皇訢、武蒲軍。與秦軍戰，破之。	十八
	十五 使將臧荼救趙。	十六	十七	十八
	三	四	五 豹救趙。	六
	六	七	八	九

二月	三月	四月	五月
十	十一	十二	二年一月
六 攻破章邯，章邯軍却。	七	八 楚急攻章邯，章邯恐，使長史欣歸秦請兵，趙高讓之。	九 趙高欲誅欣，欣恐，亡走，告章邯謀叛秦。
十五	十六	十七	十八
八	九	十	十一
十九 得彭越軍昌邑，襲陳留。用酈食其策，軍得積粟。	二十 攻開封，破秦將楊熊，熊走滎陽，秦斬熊以徇。	二十一 攻潁陽，略韓地，北絕河津。	二十二
十九	二十	二十一	二十二
七	八	九	十
十	十一	十二	十三

六月	七月	八月 趙高殺二世。	九月 子嬰
二	三	四	五
十 章邯與楚約降，未定，項羽許而擊之。	十一 項羽與章邯期殷虛，章邯等已降，與盟，以邯為雍王。	十二 以秦降都尉翳、長史欣為上將，將秦降軍。	十三
十九	二十	二十一 趙王歇留國。陳餘亡居南皮。	二十二
十二	十三	十四	十五
二十三 攻南陽守齮，破之陽城郭東。集解 徐廣曰：「陽城在南陽」。	二十四 降下南陽，封其守齮。	二十五 攻武關，破之。	二十六 攻下嶢及藍田。以
二十三	二十四	二十五	二十六
十一	十二	十三	十四
十四	十五 中陽下河南，降楚。	十六	十七

206

	為王。				留侯策，不戰皆降。			
十月　集解徐廣曰：「歲在乙未」。索隱高祖至霸上，稱元年。徐廣云歲在乙未。	六	十四　項羽將諸侯兵四十餘萬，行略地，西至於河南。	二十三　張耳從楚西入秦。	十六	二十七　漢元年，秦王子嬰降。沛公入破咸陽，平秦，還軍霸上，待諸侯約。	二十七	十五　從項羽略地，遂入關。	十八
十一月	七	十五　羽詐阬殺秦降卒二十萬人於新安。	二十四	十七	二十八　沛公出令三章，秦民大悅。	二十八	十六	十九

十二月	九　義帝元年。諸侯尊懷王為義帝。索隱 項羽徙之於郴，至十月，項籍使九江王布
八　分楚為四。索隱 西楚、衡山、臨江、九江也。	十七　項籍自立為西楚霸王。
	分為衡山。
十六　至關中，誅秦王子嬰，屠燒咸陽。分天下，立諸侯。	分為臨江。
	分為九江。
二十五　分趙為代國。	二十六　更名為常山。
	分為代。
十八　項羽怨榮，（殺之）分齊為三國。索隱 臨淄、濟北、膠東。	十九　更名為臨菑。
	分為濟北。
	分為膠東。
二十九　與項羽有郄，見之戲下，講解。羽倍約，分關中為四國。索隱 漢、雍、塞、翟。	正月　索隱 高祖及十二諸侯受封之月，漢書異姓王表云一月，故應劭云
	分關中為雍。
	分關中為塞。
	分關中為翟。
二十九　臧荼從入，分燕為二國。索隱 燕、遼東也。	三十　燕
	分為遼東。
十七　分魏為殷國。	十八　更為西魏。
	分為殷。
二十　分韓為河南國。	二十一　韓
	分為河南。

殺義帝，漢王為舉哀也。

：「諸侯王始受封之月，十三王同時稱一月。以非元正，故云一月。高祖十月至霸上改元，至此月漢四月

	二　徙都江南郴。
	西楚主伯，項籍始，為天下主命，立十八王。
	王吳芮始，故番君。
	王共敖始，故楚柱國。
	王英布始，故楚將。
	王張耳始，故楚將。索隱故趙相。
	二十七　索隱趙歇前為趙王，已二十六月，今徙王代之二月，故云二十七月。其膠東王市
	王田都始，故齊將。
	王田安始，故齊將。
	二十　王田市始，故齊王。
。」分關中為漢。	二月　索隱應劭云：「諸王始都國之月，十三王同時稱二月。」漢王始，故沛公。
	王章邯始，故秦將。
	王司馬欣始，故秦將。索隱故秦長史。
	王董翳始，故秦將。索隱故秦都尉。
	王臧荼始，故燕將。
	三十一　王韓廣始，故燕王。
	十九　王魏豹始，故魏王。
	王司馬卬始，故趙將。
	二十二　王韓成始，故韓將。索隱故韓王。
	王申陽始，故楚將。

之前為齊王十九月，韓廣、魏豹、韓成五人並先為王已經多月，故因舊月而數也。

王趙歇始，故趙王。

三	
二	都彭城。
二	都郴。
二	都江陵。
二	都六。
二	都襄國。
二十八	都代。
二	都臨菑。
二	都博陽。
二十一	都即墨。
三月	都南鄭。
二	都廢丘。
二	都櫟陽。
二	都高奴。
二	都薊。
三十二	都無終。
二十	都平陽。索隱豹從漢，又叛，韓信虜之。漢四年，周苛殺豹也。
二	都朝歌。
二十三	都陽翟。索隱姚氏云：「韓成是項梁所立，不與十七國封。此云十八王，並項羽所命，不細區別。」
二	都洛陽。

	四	
諸侯罷戲	三	
	三	
	三	
	三	
	三	
	二十九	
	三	
	三	
	二十二	
	四月	
	三	
	三	
	三	
	三	
	三十三	
	二十一	
	三	
	二十四	又高紀云項羽與成至彭城，廢為侯，又殺之。是不令就國，當以陽翟為都而不之國。
	三	

	五	六	七
下兵，皆之國。	四	五	六
	四	五	六
	四	五	六
	四	五	六
	四	五	六
	三十	三十一	三十二
	四 田榮擊都，都降楚。	齊王田榮始，故齊相。	二
	四	五	六 田榮擊殺安。
	二十三	二十四 田榮擊殺市。	屬齊。
	五月	六月	七月
	四	五	六
	四	五	六
	四	五	六
	四	五	六
	三十四	三十五	三十六
	二十二	二十三	二十四
	四	五	六
	二十五	二十六	二十七 項羽誅成。
	四	五	六

八	九	十 項羽滅義帝。
七	八	九
七	八	九
七	八	九
七	八	九
七	八	九 耳降漢。
三十三	三十四	三十五 歇復王趙。
三	四	五
屬齊。		
八月	九月	十月 王至陝。 集解徐廣曰：「弘農陝
七 邯守廢丘，漢圍之。	八	九
七 欣降漢，國除。	屬漢，為渭南、河上郡。	
七 翳降漢，國除。	屬漢，為上郡。	
七	八	九
三十七 臧荼擊廣無終，滅之。	屬燕	
二十五	二十六	二十七
七	八	九
韓王鄭昌始，項羽立之。	二	三
七	八	九

	十	十一	十二
	十	十一	十二
	十	十一	十二
	十	十一	十二
		歇以陳餘為代王，（號）〔故〕成安君。	二
	三十六	三十七	三十八
	六	七	八 項籍擊榮，走
縣〕。	十一月	十二月	正月
	十 漢拔我隴西。	十一	十二 漢拔我北地。
	十	十一	十二
	二十八	二十九	三十
	十	十一	十二
	韓王信始，漢立之。	二	三
	屬漢，為河南郡。		

	二年一月	二
	二年一月	二
	十三	十四
	二年一月	二
	三	四
	三十九	四十
平原，平原民殺之。	項籍立故齊王田假為齊王。	二 田榮弟橫反城陽，擊假，走楚，楚殺假。
	二月	三月 王擊殷。
	二年一月	二
	二年一月	二
	三十一	三十二 降漢。（為廢王）
	十三	十四 降漢，卬廢。
	四	五

三　項羽以兵三萬破漢兵五十六萬。	四	五
三	四	五
十五	十六	十七
三	四	五
五	六	七
四十一	四十二	四十三
齊王田廣始。廣，榮子，橫立之。	二	三
四月　王伐楚至彭城，壞走。	五月　王走滎陽。	六月　王入關，立太子。復如滎陽。
三	四	五　漢殺邯廢丘。
三	四	五
三十三　從漢伐楚。	三十四　豹歸，叛漢。	三十五
為河內郡，屬漢。		
六　從漢伐楚。	七	八

六	七	八	九
六	七	八	九
十八	十九	二十	二十一
六	七	八	九
八	九	十	十一
四十四	四十五	四十六	四十七
四	五	六	七
七月	八月	九月	後九月 集解徐廣曰：「應閏建巳」。
屬漢，為隴西、北地、中地郡。			
六	七	八	九
三十六	三十七	三十八 漢將信虜豹。	屬漢，為河東、上黨郡
九	十	十一	十二

十	十一	十二	三年一月	二	三
十	十一	十二	三年一月	二	三
二十二	二十三	二十四	二十五	二十六	二十七
十	十一	十二布身降漢，地屬項籍。			
十二漢將韓信斬陳餘。	屬漢，為太原郡。				
四十八漢滅歇。	屬漢，為郡。				
八	九	十	十一	十二	十三
三年十月	十一月	十二月	正月	二月	三月
十	十一	十二	三年一月	二	三
二年一月	二	三	四	五	六

四	五	六	七
四	五	六	七
二十八	二十九	三十	三十一 王敖薨。
十四	十五	十六	十七
四月 楚圍王滎陽。	五月	六月	七月 王出滎陽。 集解：徐廣曰：「項羽、高紀：七月出滎陽。」
四	五	六	七
七	八	九	十

203

八	九	十	十一 漢將韓信
八	九	十	十一
臨江王驩 索隱共敖之子，漢虜之，亦在四年十二月。始，敖子。	二	三	四
			趙王張耳
十八	十九	二十	二十一 漢將韓信
八月 周苛、樅公殺魏豹。	九月	四年十月	十一月
八	九	十	十一
十一	十二	三年一月	二

破殺龍且。	十二	四年一月	二	三 漢御史周苛入楚，（死）。
	十二	四年一月	二	三
	五	六	七	八
始，漢立之。	二	三	四	五
擊殺廣。	屬漢，為郡。		齊王韓信始，漢立之。	二
	十二月	正月	二月立信王齊。	三月周苛入楚。
	十二一月	四年一月	二	三
	三	四	五	六

四	五	六	七
四	五	六	七
九	十	十一	十二
			淮南王英布始，漢立之。
六	七	八	九
三	四	五	六
四月王出滎陽。豹死。集解徐廣曰：「項羽紀曰王出成皋。」	五月	六月	七月立布為淮南王。
四	五	六	七
七	八	九	十

202

八	九	十	十一	十二 誅籍。索隱 漢誅項籍在四年十二月。
八	九	十	十一	十二
十三	十四	十五	十六	十七 漢虜驩。
二	三	四	五	六
十	十一	十二	二年一月	二
七	八	九	十	十一
八月	九月太公、呂后歸自楚。	五年十月	十一月	十二月
八	九	十	十一	十二
十一	十二	四年一月	二	三

齊王韓信徙楚王。	二
十三 徙王長沙。	屬淮南國。
屬漢，為南郡。	
七 淮南國	八
三 趙國	四
十二 徙王楚，屬漢，為四郡。	
正月 索隱 漢王更號皇帝，即位於定陶也。殺項籍，天下平，諸侯臣屬漢。	二月甲午，王更號，即皇帝
五年一月 燕國	二
復置梁國。	梁王彭越始。
四 韓王信徙王代，都馬邑。	
分臨江為長沙國。	衡山王吳芮為長沙王。索隱

	三	四	五	六	七	八
	九	十	十一	十二	二年一月	二
	五	六	七	八	九　耳薨，謚景王。	趙王張敖（立）〔始〕，
位於定陶。	三月	四月	五月	六月帝入關。	七月	八月帝自將誅燕。
	三	四	五	六	七	八
	二	三	四	五	六	七
	六	七	八	九	十	十一
吳芮始，改封也。	二	三	四	五	六　薨，謚文王。	長沙成王臣始，芮子。

	九 王得故項羽將鍾離眛，斬之以聞。	十
	三	四
耳子。	二	三
	九月	後九月 集解徐廣曰：「應閏建寅」。
	九 反漢，虜荼。索隱：虜臧荼。漢書作四年九月，誤也。	燕王盧綰始，漢太尉。
	八	九
	十二	五年一月
	二	三

卷十七　漢興以來諸侯年表第五

太史公曰：殷以前尚矣㊀。周封五等：公，侯，伯，子，男。然封伯禽、康叔於魯、衞，地各四百里，親親之義㊁，褒有德也㊂；太公於齊，兼五侯地㊃，尊勤勞也㊄。武王、成、康所封數百，而同姓五十五，地上不過百里，下三十里，以輔衞王室。管、蔡、康叔、曹、鄭，或過或損。厲、幽之後，王室缺㊅，侯伯彊國興焉，天子微，弗能正㊆。非德不純，形勢弱也㊇。

【註】㊀尚：很久以前的。言殷代以前的事是很久遠的了。㊁表示對於親近之人的情義。㊂褒：獎勵。㊃以一國而領有五個諸侯之地，言其封地之大也。㊄那是尊敬他有功勞於國家。㊅缺：殘廢，言王室缺廢不全。㊆正：改正其錯誤，糾正其過失。亦可解為「征」。㊇並不是德行的不善（純），乃是勢力的微弱。

漢興，序二等㊀。高祖末年，非劉氏而王者，若無功上所不置㊁而侯者，天下共誅之。高祖子弟同姓為王者九國㊂，唯獨長沙異姓，而功臣侯者百有餘人。自鴈門㊃、太原㊄以東至遼陽㊅，為燕、代國；常山以南㊆，大行左轉㊇，度河、濟，阿、甄以東薄海，為齊、趙國；自陳以西㊈，南至九疑⑩，東帶江、淮、穀、泗⑪，薄會稽⑫，為梁、楚、淮南、長沙國；皆外接於胡、越。而內地北距山以東盡諸侯地⑬，大者或五六郡，連城數十，置百官宮觀，僭於天子。漢獨有三河⑭、東郡⑮、潁川⑯、南陽，自江陵⑰以西至蜀，北自雲中⑱至隴西⑲，與內史⑳凡十五郡㉑，而公主列侯頗食邑其中。何者？天下初定，骨肉同姓少，故廣彊庶孽，以鎮撫四海，用承衛天子也㉒。

【註】㊀漢家初興的時候，有兩等封爵，功臣大者封王，小者封侯。㊁到了高祖末年，封爵的限制就嚴格的很了，不是劉家的人不能封王；不是有功或主上所位置的人不能為侯，否則的話，天下共誅之。若：作「及」字解，此句即「非劉氏而王者，及無功上所不置而侯者，天下共誅之。」㊂九國：齊、楚、荊、淮南、燕、趙、梁、代、淮陽。㊃鴈門：郡名，本戰國趙地，秦置郡，今山西舊代州寧武之北部，及朔平南部，大同東部北部，皆其境。鴈門關自古為戍守重地，與寧武、偏頭，為山西三關，所謂外三關也。㊄太原、郡名，秦置，今山西舊太原、汾州二府，及舊保德、平定、忻州皆

其地。⑥遼陽：今遼寧之遼陽縣。⑦常山：郡名，治地在今河北正定縣南。⑧太行：即太行山。在常山以南，太行山以東之地，是齊國與趙國的領域。薄：臨近。薄海，即近海之地。⑨陳：河南淮陽。⑩九疑：山名，在湖南寧遠縣南六十里。⑪東以長江、淮河、穀水、泗水為帶，言其邊界線之如帶也。穀水：在江蘇碭山縣南，睢水分流也，亦曰碭水。泗水：出山東泗水縣陪尾山，四源並發，故名。今之泗河，歷泗水，曲阜，滋陽，濟寧，流入運河，乃古泗水之上游也。⑫會稽：郡名，秦置，今江蘇東部，浙江西部，皆其地，治吳，即今江蘇蘇州是也。⑬距：至也。⑭三河：漢以河內、河南、河東為三河。⑮東郡：秦取魏地，置東郡，前直隸大名府，山東東昌府，及長清縣以西，皆是。王先謙《漢書補註》謂：「魏都大梁，濮陽，黎陽，並是魏之東地，故立郡，名『東郡』。」⑯潁川：郡名，秦置，今河南舊許州、陳州、汝寧、汝州諸府州以及禹縣至陽武各縣皆是也。漢因之，治陽翟，故韓都，即今河南禹縣治。⑰江陵：春秋時，楚郢都，今湖北江陵縣。⑱雲中：郡名，戰國時，趙地，秦置雲中郡，統陰山以南，今自山西之懷仁、左雲、右玉以北，綏遠綏遠道各縣，蒙古鄂爾多斯左翼，喀爾喀右翼，四子部落，各旗，皆其地。漢分秦雲中郡之東北部，置定襄郡，西南部仍為雲中郡。治雲中縣，即今綏遠托克托縣，亦即趙故城也。⑲隴西：郡名，秦置，今甘肅舊蘭州，鞏昌，秦州，諸府州之地，治狄道，在今甘肅臨洮縣東北。⑳內史：武帝更名右內史為京兆尹，左內史為左馮翊。㉑十五郡：河東、河南、河內、東郡、潁川、南陽、南郡、漢中、巴郡、蜀郡、隴西、北地、上郡、雲中、及內史。㉒普遍的強化劉家庶孽的力量，以鎮撫四方，保衛中央。

漢定百年之閒，親屬益疎㈠，諸侯或驕奢，忕邪臣㈡，計謀為淫亂，大者叛逆，小者不軌于法㈢，以危其命，殞身亡國。天子觀於上古，然後加惠，使諸侯得推恩分子弟㈣國邑，故齊分為七㈤，趙分為六㈥，梁分為五㈦，淮南分三㈧，及天子支庶子為王，王子支庶為侯，百有餘焉。吳楚時，前後諸侯或以適削地㈨，是以燕、代無北邊郡，吳、淮南、長沙無南邊郡㈩，齊、趙、梁、楚支郡名山陂海咸納於漢(十一)。諸侯稍微，大國不過十餘城，小侯不過數十里，上足以奉貢職，下足以供養祭祀，以蕃輔京師。而漢郡八九十，形錯諸侯閒，犬牙相臨(十二)，秉其阨塞地利(十三)，彊本幹，弱枝葉之勢，尊卑明而萬事各得其所矣。

【註】㈠漢家的天下穩定了一百年以後，親屬的關係，越傳越疎遠。㈡忕：音處（ㄔㄨˋ），誘惑，誘脅。言諸侯們有的驕奢，被邪臣們所誘惑，計劃為淫亂之事。㈢軌：遵循，恪守。㈣天子為防制叛亂，故分化各國的土地，以減削其力量。㈤分齊國為七國，即：城陽、濟北、濟南、菑川、膠西、膠東及齊國。㈥分趙國為六國，即：河間、廣川、中山、常山、清河。㈦分梁國為五國，即：濟陰、濟川、濟東、山陽梁。㈧分淮南為三國，即：淮南本國及廬江、衡山。㈨適：同「謫」，罪

過。即以犯了罪過而被削地。⑩燕、代無管領北邊郡縣之權，吳、淮南、長沙，無管領南邊郡縣之權，其緣邊兵馬大權，皆由中央另派員管領。⑪齊、趙、梁、楚、支郡、名山陂海的特產租賦收入，皆歸於中央，各地不能沾其利。⑫中央直轄的郡縣，交互參雜於諸侯地區之間，使之不能彼此聯繫；且稍有異動，中央即知，不難隨時撲滅。⑬秉：同「柄」，掌握控制也。言中央直轄的郡縣，犬牙交錯於諸侯地區之間，控制著地理的險塞扼嶺，各地諸侯在其掌握之下，根本不敢有移動。案：漢代削諸侯之計，起於賈誼，所謂「眾建諸侯而少其力」，此賈誼建議於文帝之言也。至景帝用晁錯之謀，削七國，山東諸侯皆反，於是不得不殺錯以息其怒。至武帝，用主父偃之說，使推恩子弟，分其國邑，乃不削奪而其力自分。

臣遷謹記高祖以來至太初諸侯㊀，譜其下益損之時，令後世得覽。形勢雖彊，要之以仁義為本㊁。

【註】㊀太初：武帝年號，公曆紀元前一〇四年至一〇〇年。㊁形勢雖強大，但必以仁義為基礎。如其不行仁義，形勢雖強，適足以自速其亡。

漢興以來諸王年表

公元前206

高祖元年	
楚	索隱高祖五年，封韓信。六年，王弟交也。
齊	索隱四年，封韓信。六年，封子肥。
荊	索隱六年，封劉賈。十一年，賈為英布所殺。其年立吳國。封兄子濞也。
淮南	索隱四年，封英布。十一年，反，誅。立子長。
燕	索隱五年，封盧綰。十一年，亡入匈奴。十二年，立子建也。
趙	索隱四年，封張耳。其年薨。明年，子敖立。八年，廢為宣平侯。九年，立子如意也。
梁	索隱五年，封彭越。十一年，反，誅。十二年，立子恢。
淮陽	索隱十一年，封子友。後二年，為郡。高后元年，復為國，封惠帝子彊。
代	索隱二年，封韓王信。五年，降匈奴。十一年，立子恒也。
長沙	索隱五年，封吳芮。六年，子成王臣立。

205

二
都彭城。
都臨菑。
都吳。
都壽春。
都薊。
都邯鄲。
都淮陽。
都陳。
十一月初王韓信元年。都馬邑。集解徐廣曰：本紀及表高祖起五年始徙信

	203	204	
	四	三	
楚			
齊	初王信元年。故相國。		
荊			
淮南	十月乙丑，初王（武王）英布元年。		
燕			
趙	初王張耳元年。薨。		
梁			
淮陽			
代	三	二	。故韓王孫。
長沙			

202	201
五	六
齊王信徙為楚王元年。反，廢。	正月丙午，初
二 徙楚。	正月甲子，初
	正月丙午，初
二	三
後九月壬子，初王盧綰元年	二
王敖元年。敖，耳子。	二
初王彭越元年。	二
四 降匈奴，國除為郡。	
二月乙未，初王文王吳芮元年。薨。	成王臣元年

	198	199	200	
	九	八	七	
楚	四 來	三	二	王交元年。交，高祖弟。
齊	四 來	三	二	王悼惠王肥元年。肥，高祖子。
荊	四	三	二	王劉賈元年。
淮南	六 來	五	四	
燕	五	四	三	
趙	初王	四 廢。	三	
梁	五 來	四	三	
淮陽				
代				
長沙	四	三	二	

197

	十
朝。	五　來朝。
朝。	五　來朝。
	五　來朝。
朝。	七　來朝。反，誅。
	六　來朝。
隱王如意元年。如意，高祖子。	二
朝。	六　來朝。反，誅。
	復置代，都中都。
	五　來朝。

	195	196
	十二	十一
楚	七	六
齊	七	六
吳	更為	六　為英布所殺，國除為郡。
淮南	二	十二月庚午，厲王長元年。長，高祖子。
燕	（三）〔二〕	七　集解徐廣曰：「一云十月亡入於匈奴。」
趙	四　死	三
梁	二	二月丙午初王恢元年。恢高祖子。
淮陽	二	三月丙寅，初王友元年。友，高祖子。（徙趙）
代	二	正月丙子，初王元年。
長沙	七	六

吳國。十月辛丑，初王濞元年。濞，高祖兄仲子，故

月甲午，初王靈王建元年。建，高祖子。

。

	194 孝惠元年	
楚	八	
齊	八	
吳	二	沛侯。
淮南	三	
燕	二	
趙	淮陽王徙於趙，名友，元年。是為幽王。	
梁	三	
淮陽	為郡。	
代	三	
長沙	八	

188	189	190	191	192	193
七	六	五	四	三	二
十四來	十三	十二	十一來朝。	十	九來朝。
初置					
哀王	十三薨。	十二	十一來朝。	十	九來朝。
八來	七	六來朝。	五	四	三
九來	八	七	六來朝。	五	四
八來	七	六來朝。	五	四	三
七來	六	五	四來朝。	三	二
初置					
九來	八	七	六	五	四
初置					
復置					
九	八	七	六	五	四
六	五	四	三	二	哀王回元年

		187 高后元年
楚	朝。	十五
魯	魯國。	四月(元)〔初〕王張偃元年。偃，高后外孫，
齊	襄元年	二
吳	朝。	九
淮南	朝。	十
燕	朝。	九
趙	朝。	八
常山	常山國。	四月辛卯，哀王不疑元年。薨。
梁	朝。	十
呂	呂國。	四月辛卯，呂王台元年。薨。
淮陽	淮陽國。	四月辛卯，初王懷王強元年。強，惠帝
代		十
長沙		七

	186
	二
	十六
故趙王敖子。	二
	三
	十
	十二
	十
	九
	七月癸巳，初王義元年。（皇）子哀王弟。
	十二
	十一月癸亥，王呂嘉元年。嘉，肅王
子。	二
	十二
	恭王右元年

	185	
	三	
楚	十七	
魯	三	
齊	四　來朝。	
吳	十一	
淮南	十二	
燕	十一	
趙	十	
常山	二	義，孝惠子，故襄城侯，（後）立為帝。
梁	十二	
呂	二	子。
淮陽	三	
代	十二	
長沙	二　來朝。	

184
四
十八
四
五
十二
十三
十二
十一
五月丙辰，初王朝元年。朝，惠帝子，故軹侯。索隱 軹音
十三
三
四
十三
三

	182	183	
	六	五	
楚	二十	十九	
魯	六	五	
齊	七	六	
琅邪	初置琅邪國。		
吳	十四	十三	
淮南	十五	來朝。十四	
燕	十四	十三	
趙	十三	十二	
常山	三	二	章是反。軹縣在河內。後文帝以封舅薄昭。
梁	十五	十四	
呂	嘉廢。七月丙辰	四	
淮陽	初王武元年。武	無嗣。五	
代	十五	十四	
長沙	五	四	

呂產元年。產，肅王弟，故洨侯。【索隱】洨音交。洨水所出，縣名，

孝惠帝子，故壺關侯。

	181	
	七	
楚	二十一	
魯	七	
齊	八	
琅邪	王澤元年。故營陵侯。索隱營陵，縣名，屬北海。	
吳	十五	
淮南	十六	
燕	十五絕。	
趙	（十四楚呂產徙梁元年）	
常山	四	
梁	（十六）徙王趙，自殺。王呂產元年。	
呂	呂產徙王梁。（七）〔三〕月丁巳，王太元年。	在沛。又音□也。
淮陽	二	
代	十六	
長沙	六	

	180	
	八	
	二十二	
	八	
	九	
	二	
	十六	
	十七	
十月辛丑，初王呂通		
初王呂祿元年。呂后		
非子，誅，國除，為	五	
有罪，誅，為郡。	二	
	二	惠帝子。索隱：呂太，故昌平侯。縣名，屬上谷也。
武誅國除。	三	
	十七	
	七	

楚	
魯	
齊	
琅琊	
吳	
淮南	
燕	元年。肅王子，故東平侯。九月，誅，國除。索隱東平縣，
趙	兄子，胡陵侯。誅，國除。索隱胡陵，縣名，屬山陽也。
常山	郡。
梁	
呂	
淮陽	
代	
長沙	

179	
孝文前元年	
二十三	
九 廢為侯。	
十 薨。	
初置城陽郡。	
初置濟北。	
三 徙燕。	
十七	
十八	
十月庚戌，琅邪王澤徙燕元年。是為敬王。	屬梁國。
十月庚戌，趙王遂元年。幽王子。	
分為河間，都樂成。	
初置太原，都晉陽。	
復置梁國。	
十八 為文帝。	
八	

國	二
楚	夷王郢元年
齊	文王則元年
城陽	二月乙卯，景王章元年。章，悼惠王子，故朱虛侯
濟北	二月乙卯，王興居元年。興居，悼惠王子，故東牟
	國除為郡。
吳	十八
淮南	十九
燕	二　薨。
趙	二
河間	二月乙卯，初王文王辟強元年。辟強，趙幽王子。
太原	二月乙卯，初王參元年。參，文帝子。
梁	二月乙卯，初王懷王勝元年。勝，文帝子。
淮陽	
代	二月乙卯，初王武元年。武，文帝子。
長沙	九

	177	176
	三	四
	二	三
	二	三
。索隱朱虛，縣名，屬琅邪。	二	共王喜元年
侯。索隱縣名，屬東萊。	為郡。	
	十九來朝。	二十
	二十來朝。	二十一
	康王嘉元年	二
	三	四
索隱辟音壁。	二	三
	二	三更為代王。
	二	三
	復置淮陽國。	代王武徙淮陽三年。
	二徙淮陽。	三太原王參更號為代
	靖王著元年	二

	174	175	
	六	五	
楚	王戊元年	四 薨。	
齊	五	四	
城陽	三	二	
吳	二十二	二十一	
淮南	二十三 王無道	二十二	
燕	四	三	
趙	六	五	
河間	五	四	
梁	五	四	
淮陽	五	四	
代	五	四	王三年，實居太原，是為孝王。
長沙	四	三	

171	172	173	
九	八	七	
四	三	二	
八	七 來朝。	六	
六 來朝。	五	四	
二十五	二十四	二十三	
			遷蜀，死雍，為郡。
七	六 來朝。	五	
九	八	七 來朝。	
八	七 來朝。	六	
八	七	六 來朝。	
八 來朝。	七	六 來朝。	
八	七	六 來朝。	
七	六	五	

	168	169	170
	十二	十一	十
楚	七	六	五
齊	十一 來朝。	十	九
城陽		八 徙淮南。為郡，屬齊。	七
吳	二十八	二十七	二十六
淮南	城陽王喜徙淮		
燕	十	九	八
趙	十二 來朝。	十一	十
河間	十一 來朝。	十	九
梁	十一 淮陽王武徙	十 來朝。薨，無後。	九
淮陽		十 來朝。徙梁。為郡。	九
代	十一	十 來朝。	九
長沙	十	九	八 來朝。

165	166	167	
十五	十四	十三	
十	九	八 來朝。	
初置衡山。			
十四 薨。無後。	十三	十二	
復置城陽國。			
復置濟北國。			
分為濟南國。			
分為菑川，			
分為膠西，			
分為膠東，			
三十一	三十	二十九	
四 徙城陽。	三	二	南元年
十三 來朝。	十二 來朝。	十一	
十五	十四	十三	
哀王福元年	十三 薨。	十二	
初置廬江國。			
十四 來朝。	十三	十二	梁年，是為孝王。
十四	十三	十二	
十三	十二	十一	

	十六	
楚	十一	
衡山	四月丙寅，王勃元年。	
齊	四月丙寅，孝王將閭元	
城陽	淮南王喜徙城陽十三年。	
濟北	四月丙寅，初王志元年	
濟南	四月丙寅，初王辟光元	
菑川	四月丙寅，初王賢元年	都劇。
膠西	四月丙寅，初王卬元年	都宛。集解徐廣曰：「樂安有宛縣。」
膠東	四月丙寅，初王雄渠元	都即墨。
吳	三十二	
淮南	四月丙寅，王安元年。	
燕	十四	
趙	十六	
		。薨，無後國除為郡。
廬江	四月丙寅，王賜元年。	
梁	十五	
代	十五	
長沙	十四	

162	163	
二	後元年	
十三	十二	
三	二	淮南厲王子，故安陽侯。
三	二	年。齊悼惠王子，故陽虛侯。
十五	十四	
三	二	。齊悼惠王子，故安都侯。
三	二	年。齊悼惠王子，故扐侯。
三	二	。齊悼惠王子，故武城侯。
三	二	。齊悼惠王子，故平昌侯。
三	二	年。齊悼惠王子，故白石侯。
三十四	三十三	
三	二	淮南厲王子，故阜陵侯。
十六	十五	
十八	十七	
三	二	淮南厲王子，故陽周侯。
十七	十六	
十七薨。	十六	
十六	十五	

	157	158	159	160	161
	七	六	五	四	三
楚	十八	十七	十六來朝。	十五	十四
衡山	八	七	六	五	四
齊	八	七	六	五	四來朝。
城陽	二十	十九	十八來朝。	十七	十六
濟北	八	七	六	五來朝。	四來朝。
濟南	八	七	六來朝。	五	四來朝。
菑川	八	七	六	五	四
膠西	八	七	六來朝。	五	四
膠東	八	七	六	五	四
吳	三十九	三十八	三十七	三十六	三十五
淮南	八	七來朝。	六	五	四
燕	二十一	二十	十九	十八來朝。	十七
趙	二十三	二十二	二十一	二十來朝。	十九
廬江	八	七	六	五	四
梁	二十二	二十一來朝。	二十	十九	十八來朝。
代	五	四	三	二	恭王登元年
長沙	二十一來朝。	二十來朝。	十九	十八	十七

	156	155
	孝景（前）元年	二
	十九	二十來朝。
		分楚復置魯國。
	九	十
	九	十
	二十一	二十二
	九	十來朝。
	九	十
	九	十
	九	十
	九	十
	四十	四十一
	九	十
	二十二	二十三
	二十四	二十五來朝。
	復置河閒國。	三月甲寅，初
	初置廣川，都信都。	三月甲寅，王
		初置中山，都
	九	十
	二十三	二十四來朝。
	初置臨江，都江（都）〔陵〕。	三月甲寅，初
	初置汝南國。	三月甲寅，初
	（初）〔復〕復置淮陽國。	三月甲寅，初
	六	七
薨，無後國除。	復置長沙國。	三月甲寅，定

		154
		三
楚		二十一反，誅。
魯		六月乙亥淮陽王徙
衡山		十一
齊		十一
城陽		二十三
濟北		十一徙菑川。
濟南		十一反，誅。為郡。
菑川		十一反，誅。濟北王
膠西		十一反，誅。六月乙
膠東		十一反，誅。
吳		四十二反，誅。
淮南		十一
燕		二十四
趙		二十六反，誅。為郡。
河間	王獻王德元年。景帝子。	二來朝。
廣川	彭祖元年。景帝子。	二來朝。
中山	盧奴。	六月乙亥，靖王勝
廬江		十一
梁		二十五來朝。
臨江	王閼于元年。景帝子。索隱閼音遏。	二
汝南	王非元年。景帝子。	二
淮陽	王餘元年。景帝子。	徙魯。為郡。
代		八
長沙	王發元年。景帝子。	二

153

四月己	
文王禮元	
二來朝。	魯元年。是為恭王。
十二徙濟北	
懿王壽元	
二十四	
衡山王勃	
十二	志徙菑川十一年。是為懿王。
二	亥，于王端元年。景帝子。索隱諡法能優其德曰于。
四月己巳	
初置江都	
十二	
二十五	
三	
三	
二	元年。景帝子。
十二徙衡山	
二十六	
三薨，無	
三徙江都	
九	
三	

	巳立太子
楚	年。元王子，故平陸侯。
魯	
衡山	。盧江王賜徙衡山㊂元年。
齊	年
城陽	
濟北	徙濟北十二年。是為貞王。
菑川	
膠西	
膠東	，初王元年。是為孝武帝。
江都	。六月乙亥，汝南王非為江都王元年。是為易王。
淮南	
燕	
趙	
河間	
廣川	
中山	
	，國除為郡。
梁	
	後，國除為郡。
汝南	。
代	
長沙	

152

	五
	二
	三
	二
	二　來朝。
	二十五
	十三　薨。
	十三
	三
	二
索隱諡法好更故舊為易也。	二
	十三　來朝。
	二十六　薨。
	廣川王彭祖徙趙四年。是為敬肅王。
	四
	四　徙趙，國除為信都郡。
	三
	二十七
	十
	四

	150	151
	七　十一月乙丑，太子廢	六
楚	安王道元年	三　來朝。薨。
魯	五	四
衡山	四	三
齊	四	三
城陽	二十七	二十六
濟北	二	武王胡元年。
菑川	十五	十四
膠西	五	四
膠東	四　四月丁巳，為太子。	三
江都	四	三
淮南	十五	十四
燕	二	王定國元年。
趙	六	五
河間	六	五
廣川		
中山	五　來朝。	四
梁	二十九　來朝。	二十八
臨江	十一月乙丑，初王閔王榮元年。景	復置臨江國。
代	十二	十一
長沙	六　來朝。	五　來朝。

	149	148
	中元年	二
	二來朝。	三
	六來朝。	七
	五	六
	五	六
	二十八	二十九來朝。
	三	四
	十六來朝。	十七來朝。
	六來朝。	七
	復置膠東國。	四月乙巳，初王康王寄
	五	六
	十六	十七
	三	四
	七	八來朝。
	七	八來朝。
	復置廣川國。	四月乙巳，惠王越元年
	六	七
		初置清河，都（濟）〔清〕陽。
	三十	三十一來朝。
帝太子，廢。	二	三
	十三	十四
	七	八

	147	
	三	
楚	四	
魯	八	
衡山	七　來朝。	
齊	七	
城陽	三十	
濟北	五	
菑川	十八	
膠西	八	
膠東	二	元年。景帝子。
江都	七	
淮南	十八	
燕	五　來朝。	
趙	九	
河間	九	
廣川	二	。景帝子。
中山	八	
清河	三月丁巳，哀王乘元年。景帝子。	
常山		
梁	三十二	
濟川		
濟東	四　坐侵廟壖垣為宮，自殺。國除。	
山陽		
濟陰		
代	十五　來朝。	
長沙	九	

146	
四	
五	
九	
八	
八	
三十一	
六	
十九	
九	
三	
八	
十九來朝。	
六	
十	
十	
三	
九來朝。	
二	
復置常山國。	
三十三	
	為南郡。索隱壖音儒緣反。壖垣，廟境外之墟。壖，邊也。
十六	
十來朝。	

	145	144
	五	六
楚	六來朝。	七
魯	十	十一
衡山	九	十
齊	九	十
城陽	三十二	三十三薨。
濟北	七	八
菑川	二十	二十一
膠西	十	十一
膠東	四來朝。	五
江都	九	十
淮南	二十	二十一
燕	七	八
趙	十一	十二
河間	十一	十二
廣川	四	五
中山	十	十一
清河	三	四
常山	〔三〕四月丁巳，初王憲王舜元年。孝景子。	二
梁	三十四	三十五來朝
濟川	分為濟川國。	五月丙
濟東	分為濟東國。	五月丙
山陽	分為山陽國。	五月丙
濟陰	分為濟陰國。	五月丙
代	十七	十八
長沙	十一來朝。	十二

143	
後元年	
八	
十二	
十一	
十一	
頃王延元年 索隱頃音傾。	
九	
二十二 來朝。	
十二	
六	
十一	
二十二	
九 來朝。	
十三 來朝。	
十三 來朝。	
六	
十二	
五	
三	
恭王買元年。孝王	。薨。
二	戊，初王明元年。梁孝王子。
二	戊，初王彭離元年。梁孝王子。
二	戊，初王定元年。梁孝王子。
二 薨，無後，國除。	戊，初王不識元年。梁孝王子。
十九	
十三	

	139	140	141	142	
	二	孝武建元元年	三	二	
楚	十二 來朝。	十一	十	九	
魯	十六 來朝。	十五	十四	十三	
衡山	十五	十四	十三	十二	
齊	十五	十四	十三	十二 來朝。	
城陽	五	四	三	二	城陽王子。
濟北	十三	十二	十一	十 來朝。	
菑川	二十六	二十五	二十四	二十三	
膠西	十六	十五	十四	十三	
膠東	十	九	八 來朝。	七	
江都	十五	十四	十三	十二	
淮南	二十六 來朝。	二十五	二十四	二十三	
燕	十三	十二	十一	十 來朝。	
趙	十七	十六	十五	十四	
河間	十七	十六	十五	十四	
廣川	十	九	八	七	
中山	十六	十五	十四	十三	
清河	九 來朝。	八	七	六	
常山	七	六	五	四	
梁	五	四	三	二	子。
濟川	六	五	四	三	
濟東	六	五	四	三	
山陽	六	五	四	三	
代	二十三	二十二	二十一	二十	
長沙	十七	十六	十五	十四	

138	137
三	四
十三	十四
十七	十八
十六	十七
十六	十七
六	七
十四	十五
二十七	二十八
十七	十八
十一	十二
十六	十七來朝。
二十七	二十八
十四	十五
十八	十九
十八	十九
十一	十二
十七來朝。	十八
十	十一
八	九來朝。
六	七薨。
七明殺中傅。廢遷房陵。集解徐廣曰：「一作『太傅』。」	為郡。
七	八
七	八
二十四來朝。	二十五
十八來朝。	十九

	136
	五
楚	十五
魯	十九
衡山	十八
齊	十八
城陽	八
濟北	十六
菑川	二十九
膠西	十九
膠東	十三
江都	十八
淮南	二十九
燕	十六
趙	二十
河間	二十
廣川	繆王元年。集解徐廣曰：「齊立四十五年，以征和元年乙丑有罪病死，謚曰繆。
中山	十九
	十二　薨，無後，國除為郡。
常山	十
梁	平王襄元年
濟東	九
	九　薨，無後，國除為郡。
代	二十六
長沙	二十

134	135	
元光元年	六	
十七	十六	
二十一	二十	
二十	十九	
二十	十九	
十　來朝。	九	
十八	十七	
三十一	三十	
二十一	二十　來朝。	
十五　來朝。	十四	
二十	十九	
三十一	三十	
十八　來朝。	十七	
二十二	二十一　來朝。	
二十二	二十一	
三	二	「索隱」廣川惠王子。諡法名與實乖曰繆。
二十一	二十	
十二	十一	
三	二	
十一	十	
二十八	二十七	
二十二	二十一	

	129	130	131	132	133
	六	五	四	三	二
楚	二十二薨。	二十一	二十	十九來朝。	十八來朝。
魯	二十六薨。	二十五	二十四	二十三	二十二
衡山	二十五	二十四	二十三	二十二	二十一
齊	三	二	厲王次昌元年	二十二卒。	二十一
城陽	十五	十四來朝。	十三	十二	十一
濟北	二十三	二十二	二十一	二十	十九
菑川	靖王建	三十五薨。	三十四	三十三	三十二
膠西	二十六	二十五	二十四	二十三	二十二
膠東	二十	十九	十八	十七	十六
江都	二十五	二十四	二十三	二十二	二十一
淮南	三十六	三十五	三十四	三十三	三十二
燕	二十三	二十二	二十一	二十	十九
趙	二十七來朝。	二十六	二十五	二十四	二十三
河間	恭王不	二十六來朝。	二十五	二十四	二十三
廣川	八	七	六	五	四
中山	二十六	二十五	二十四	二十三來朝。	二十二來朝。
常山	十七	十六	十五	十四	十三
梁	八	七	六	五	四
濟東	十六	十五	十四來朝。	十三	十二
代	四	三	二	王義元年	二十九
長沙	二十七	二十六	二十五	二十四來朝。	二十三

	128	127
	元朔元年	二
	襄王注元年	二
	安王光元年	二
	二十六	二十七
	四	五 薨，無後，
	十六	十七
	二十四 來朝。	二十五
元年	二	三
	二十七	二十八 來朝。
	二十一	二十二
	二十六	王建元年
	三十七	三十八
	二十四 坐禽獸行自殺。國除為郡。	
	二十八	二十九
害元年	二	三
	九	十
	二十七	二十八
	十八	十九
	九	十 來朝。
	十七	十八
	五	六
	康王庸元年	二

	124	125	126	
	五	四	三	
楚	五	四 來朝。	三	
魯	五	四	三	
衡山	三十	二十九	二十八	
				國除為郡。
城陽	二十	十九	十八	
濟北	二十八	二十七	二十六	
菑川	六	五	四	
膠西	三十二	三十	二十九	
膠東	二十五 來朝。	二十四	二十三	
江都	四	三	二	
淮南	四十二 安有罪，削	四十	三十九	
趙	三十二	三十一	三十	
河間	二	剛王堪元年	四 薨。	
廣川	十三	十二	十一	
中山	三十一	三十	二十九 來朝。	
常山	二十二 來朝。	二十一	二十	
梁	十三	十二	十一	
濟東	二十一	二十 來朝。	十九	
代	九	八	七	
長沙	五	四	三	

121	122	123	
二	元狩元年	六	
八	七	六	
八 來朝。	七	六	
	三十二 反，自殺，國除。	三十一	
二十三	二十二	二十一 來朝。	
三十一	三十	二十九	
九	八	七	
三十四	三十三	三十二	
二十八	二十七	二十六	
七 反，自	六	五	
置六安國	四十三 反，自殺。	四十二	國二縣。
三十五	三十四 來朝。	三十三	
五	四	三	
十六	十五	十四 來朝。	
三十四	三十三	三十二	
二十五	二十四	二十三	
十六	十五	十四	
二十四	二十三	二十二	
十二 來朝。	十一	十	
八 來朝。	七	六	

楚	
魯	
衡山	
城陽	
濟北	
菑川	
膠西	
膠東	
江都	殺。國除為廣陵郡。
六安	，以故陳為都。七月丙子。集解徐廣曰：「一云壬子。」初王恭
趙	
河間	
廣川	
中山	
常山	
梁	
濟東	
代	
長沙	

119	120	
四	三	
十　來朝。	九	
十	九	
二十五	二十四	
三十三	三十二　來朝。	
十一	十	
三十六	三十五	
二	哀王賢元年	
三	二	王慶元年。膠東王子。
三十七	三十六	
七	六	
十八	十七	
三十六	三十五　來朝。	
二十七	二十六	
十八	十七	
二十六　來朝。	二十五	
十四	十三	
十	九	

	118	117
	五	六
楚	十一	十二
魯	十一	十二
齊	復置齊國。	四月乙巳，初王懷王閎元年。武帝子。
城陽	二十六　來朝。薨。	敬王義元年
濟北	三十四	三十五
菑川	十二　來朝。	十三
膠西	三十七	三十八
膠東	三	四
廣陵	更為廣陵國。	四月乙巳，初王胥元年。武帝子。
六安	四	五
燕	復置燕國。	四月乙巳，初王剌王旦元年。武帝
趙	三十八	三十九
河間	八	九　來朝。
廣川	十九	二十
中山	三十七	三十八
常山	二十八	二十九　來朝。
梁	十九	二十
濟東	二十七	二十八
代	十五	十六
長沙	十一	十二

116

		元鼎元年
	十二	
	十三	
	二	
	二	
	三十六	
	十四	
	三十九	
	五	
	二	
	六	
子。索隱謚法暴慢無親曰刺。	二	
	四十	
	十	
	二十一	來朝。
	三十九	
	三十	
	二十一	
	二十九	剽攻殺人，遷上庸，國為大河
	十七	
	十三	

	114	115	
	三	二	
楚	節王純元年	十四　薨。	
魯	十五	十四　來朝。	
泗水	初置泗水，都郯。集解徐廣曰：「泗水屬東海。」		
齊	四	三	
城陽	四	三	
濟北	三十八	三十七	
菑川	十六	十五	
膠西	四十一	四十	
膠東	七	六	
廣陵	四	三	
六安	八	七	
燕	四	三	
趙	四十二	四十一	
河間	十二　薨。	十一	
廣川	二十三	二十二	
中山	四十一　來朝。	四十	
清河	復置清河國。		
真定	三十二　薨，子為王。	三十一	
梁	二十三	二十二	
			郡。
代	十九　徙清河。為太原郡。	十八　來朝。	
長沙	十五　來朝。	十四	

113

四
二
十六
思王商元年。集解徐廣曰：「一云勤王商元年。」商，常山憲王子。
五
五
三十九
十七
四十二
八
五
九
五
四十三
頃王授元年
二十四
四十二薨。
二十代王義徙清河年。是為剛王。
更為真定國。頃王平元年。常山憲王子。
二十四
十六

	111	112
	六	五
楚	四	三
魯	十八	十七
泗水	三	二
齊	七	六
城陽	七	六
濟北	四十一來朝。	四十
菑川	十九	十八
膠西	四十四	四十三
膠東	十	九
廣陵	七	六
六安	十一來朝。	十
燕	七	六
趙	四十五	四十四
河間	三	二
廣川	二十六	二十五來朝。
中山	康王昆侈元年 索隱按：蕭該云諡法好樂怠	哀王昌元年。即年薨。
清河	二十二	二十一
真定	三	二
梁	二十六	二十五
長沙	十八	十七

109	110	
二	元封元年	
六	五	
二十	十九	
五	四	
	八 薨，無後，國除為郡。	
九 薨。	八 來朝。	
四十三	四十二	
頃王遺	二十	
四十六	四十五	
十二	十一	
九	八	
十三	十二	
九	八	
四十七	四十六	
五	四	
二十八	二十七	
三	二	政曰康。漢書作「穰」。昆，侈名。
二十四	二十三	
五	四 來朝。	
二十八	二十七	
二十	十九	

	106	107	108	
	五	四	三	
楚	九	八	七	
魯	二十三　朝	二十二	二十一　來朝。	
泗水	八	七	六	
城陽	三	二	慧王武元年	
濟北	四十六　朝	四十五	四十四	
菑川	四	三	二	元年　索隱濟南王辟光之孫也。
膠西			四十七　薨，無後，國除。	
膠東	戴王	十四	十三	
廣陵	十二	十一	十	
六安	十六	十五	十四	
燕	十二	十一	十	
趙	五十	四十九	四十八	
河間	八	七	六	
廣川	三十一	三十	二十九	
中山	六	五	四	
清河	二十七	二十六	二十五　來朝。	
真定	八	七	六	
梁	三十一	三十	二十九	
長沙	二十三	二十二	二十一	

103	104	105	
二	太初元年	六	
十二	十一	十	
二十六	二十五	二十四	泰山。
哀王安世元年。即戴	十 薨。	九	
六	五	四	
四十九	四十八	四十七	泰山。
七	六	五	
四	三	二	通平元年
十五	十四	十三	
十九	十八 來朝。	十七	
十五	十四	十三	
五十三	五十二	五十一	
十一	十	九	
三十四	三十三	三十二	
九 來朝。	八	七	
三十	二十九	二十八	
十一	十	九 來朝。	
三十四	三十三	三十二	
二十六	二十五	二十四	

101	102	
四	三	
十四	十三	
二十八	二十七	
三	二	王賀元年。安世子。索隱廣川惠王子也。
（荒王賀元年）	七（薨）	
五十一	五十	
九	八	
六	五	
十七	十六	
二十一	二十	
十七	十六	
五十五	五十四	
十三	十二	
三十六	三十五	
十一	十	
三十二	三十一	
十三	十二	
三十六來朝。	三十五	
二十八來朝。	二十七	

卷十八　高祖功臣侯者年表第六

太史公曰：古者人臣功有五品㈠，以德立宗廟定社稷曰勳，以言曰勞㈡，用力曰功㈢，明其等曰伐，積日曰閱㈣。封爵之誓曰：「使河如帶，泰山若厲。國以永寧，爰及苗裔㈤，」始未嘗不欲固其根本，而枝葉稍陵夷衰微也㈥。

【註】㈠五品：五等。㈡言：高明的建議。㈢用力作戰，殺敵立功。㈣閥閱：書功狀以榜於門，在門左者曰閥，在門右者曰閱。後世謂巨室豪門，曰「閥閱」。㈤「使你的國家的防衛，如同黃河的環帶那樣的周密；使你的國家的基礎，如同泰山的砥石那樣的穩固。希望你的國家永遠的安定，以及於你的世世代代的子孫。」（這是漢高祖封功臣時的祝囑之辭）。㈥陵夷：慢慢的走下坡以至於衰落，如山陵之逐漸落入於平地也。

余讀高祖侯功臣，察其首封，所以失之者，曰：異哉所聞！書曰「協和萬國」，遷于夏商，或數千歲。蓋周封八百，幽厲之後，見於春秋。尚書有唐虞之侯伯，歷三代千有餘載，自全以蓄衛天子，豈非篤於仁義，奉上法哉？漢興，功臣受封者百有餘人。天下初定，故大城名都散亡，戶口可得而數者十二三，是以大侯不過萬家，小者五六百戶。後數世，民咸歸鄉里，戶益息，蕭、曹、絳、灌之屬或至四萬，小侯自倍，富厚如之。子孫驕溢，忘其先，淫嬖。至太初百年之間，見侯五，餘皆坐法隕命亡國，秏矣㊀。罔亦少密焉，然皆身無兢兢於當世之禁云㊁。

【註】㊀唐虞三代之功臣，皆歷世久遠。漢之功臣自高祖至於武帝，初封侯者有一百四十人，百年之間，存在者只有五個，其他皆坐法、喪命、失國。㊁其所以失國之原因，在於功臣之子孫，生活驕奢，不知遵守法度，而漢代之法網，亦比三代為密，禁令煩，則犯者多，而況其子孫又不能兢兢翼翼謹守當世之禁。

居今之世，志古之道，所以自鏡也㊀，未必盡同㊁。帝王者各殊禮而異務，要以成功為統紀，豈可緄乎㊂？觀所以得尊寵及所以廢辱，亦當世得失之林也㊃，何必舊聞㊄？於是謹其終始，表其文，頗有所不盡本末；著其明，疑者闕之。後有君子，欲推而列之，得以覽焉。

【註】㊀自鏡：自己觀察自己，自我檢討。㊁但是，情形也不一定完全相同。㊂帝王們都是各有其特殊之禮制與不同的事務，其目的都是以自己的成功為原則，那有一成不變（緄）的呢？㊃看那些功臣們所以得尊寵及其所以失敗而廢辱，亦可以當作現在得失的參考資料。㊄何必一定要取鏡於古人古事？

高祖功臣侯者年表

國名	侯功	高祖十二	孝惠七	高后八	孝文二十三	孝景十六	建元至元封六年三十六，太初元年盡後元二年十八。	侯第
正義　此國名匡左行一道，咸是諸侯所封國名也。								索隱　姚氏曰：「蕭何第一，曹參二，張敖三，周勃四，樊噲五，酈商六，奚涓

七，夏侯嬰八，灌嬰九，傅寬十，靳歙十一，王陵十二，陳武十三，王吸十四，薛歐十五，周昌十六，丁復十七，蠱逢十八。史記與漢表同。而楚漢春秋則不同者，陸賈記事在高祖、惠帝時。漢書是後定功臣等列，及陳平受呂后命而定，或已改邑號，故人名亦別

國名	平陽　索隱 案：漢書地理志平陽縣屬河東。
侯功	以中涓從起沛，至　集解 如淳曰：「謁主通書，謂出納君命。石奮為謁中涓，受陳平謁是也。春秋傳曰涓人疇。漢儀注，天子有中涓如黃門，皆中官也。」
高祖十二	七　六年十二月甲申，懿侯曹參元年。　索隱 懿，謚也。
孝惠七	五　其二年為相國。 二　六年十月，靖侯窋元年。
高后八	八
孝文二十三	十九 四　後四年，簡侯奇元年。
孝景十六	三 十三　四年，夷侯時　索隱 夷侯時。音止，又音市。案：曹參系家作「時」，今表或作「時」。案漢書衞青傳平陽侯曹壽尚陽信公主，即此人，當
建元至元封	十 十六　元光五年，恭侯襄元年。 元　元鼎三年，今侯宗元年。
侯第　。且高祖初定唯十八侯，呂后令陳平終竟以下列侯第錄，凡一百四十三人也。」	二　集解 漢書音義曰：「曹參位第二而表在首，以前後故。」　索隱 漢書音義曰：「曹參位第二而表在首，蕭何位第一而表在十三者，以封先

	信武 索隱　案：地理志無信武縣，當是後廢故也。
霸上，侯。以將軍入漢，以左丞相出征齊、魏，以右丞相為平陽侯，萬六百戶。	以中涓從起宛、朐，入漢，以騎都尉定三秦，擊項羽，別定江陵，侯，五千三百戶。以車騎將軍攻黥布、陳豨。
	七　六年十二月甲申，**肅侯靳歙**元年。索隱　靳，姓也，音紀覲反；歙音攝，又音吸。
	七
	五　六年，夷侯亭元年。三
	十八　後三年，侯亭坐事國人過律，奪侯，國除。
是字訛。元年。	
後故也。又案：封參在六年十二月，封何在六年正月，高祖十月因秦改元，故十二月在正月前也。」漢表具記位次，而亦依封前後錄也。	十一

國名	侯功	高祖十二	孝惠七	高后八	孝文二十三	孝景十六	建元至元封	侯第
清陽　索隱　漢表「清河」。地理志清陽縣屬清河郡。	以中涓從起豐，至霸上，為騎郎將，入漢，以將軍擊項羽功，侯，三千一百戶。	七　六年十二月甲申，定侯王吸元年。索隱　楚漢春秋作「清陽侯王隆」。	七	八	七　元年，哀侯彊元年。索隱　彊，其良反。　十六　八年，孝侯伉元年。索隱　伉，苦浪反。	四　五年，哀侯不害元年。　十二	七　元光二年，侯不害薨，無後，國除。	十四
汝陰　索隱　汝陰縣屬汝南。凡縣名皆據地理志，不言者，從省文也。	以令史從降沛，為太僕，常奉車，為滕公，竟定天下，入漢中，全孝惠、魯元，侯，六千九百戶。常為太僕。	七　六年十二月甲申，文侯夏侯嬰元年。	七	八	八　七　九年，夷侯竈元年。　八　十六年，恭侯賜元年。	十六	七　元光二年，侯頗元年。　十九　元鼎二年，侯頗坐尚公主，與父御婢姦罪，自殺，國除。	八

國名	侯功	高祖	孝惠	高后	孝文	孝景	武帝	侯第
陽陵 索隱 陽陵縣屬馮翊。楚漢春秋作「陰陵」。	以舍人從起橫陽，至霸上，為（魏）〔騎〕將，入漢，定三秦，屬淮陰，定齊，為齊丞相，侯，二千六百戶。	七 六年十二月甲申，景侯傅寬元年。	五 二 六年，（隨）頃侯靖元年。	八	十四 十五年，恭侯則元年。 九	三 前四年，侯偃元年。 十三	十八 元狩元年，偃坐與淮南王謀反，國除。	十
廣嚴 索隱 晉書地道記，廣縣在東莞。嚴，謚也。下又云「壯」，班馬二史並誤也。	以中涓從起沛，至霸上，為連敖，入漢，以騎將定燕、趙，得將軍，侯，二千二百戶。	七 六年十二月甲申，壯侯召歐元年。索隱 歐，烏后反。	七	八	十九 二年，戴侯勝元年。 十三 十一年，恭侯嘉元年。至後七年，嘉薨，無後，國除。			二十八

國名	侯功	高祖十二	孝惠七	高后八	孝文二十三	孝景十六	建元至元封	侯第
廣平 索隱 縣名，屬臨淮。	以舍人從起豐，至霸上，為郎中，入漢，以將軍擊項羽、鍾離眛功，侯，四千五百戶。	七 六年十二月甲申，敬侯薛歐元年。	七	八 元年，靖侯山元年。	十八 後三年，侯澤元年。 五	八 中二年，有罪，絕。 平棘五 中五年，復封節侯澤元年。	十五 其十年，為丞相。 三 元朔四年，侯穰元年元狩元年，穰受淮南王財物，稱臣，在赦前，詔問謾罪，國除。	十五
博陽 索隱 博陽	以舍人從起碭，以刺客	七 六年十二月	七	八	十八 五 後三	四 前五 塞二 中五		十九

	（前表續）	曲逆
國名	縣在汝南。	曲逆 索隱 縣名，屬中山，章帝改曰蒲陰也。
侯功	將，入漢，以都尉擊項羽滎陽，絕甬道，擊殺追卒功，侯。	以故楚都尉，漢王二年初從修武，為都尉，遷為護軍中尉；出六奇計，定天下，侯五千戶。
高祖十二	甲申，壯侯陳濞元年。索隱 楚漢春秋名瀆。	七 六年十二月甲申，獻侯陳平元年。
孝惠七		七 其五年，為左丞相。
高后八		八 其元年，徙為右丞相；後專為丞相，相孝文二年。
孝文二十三	年，侯始元年。	二 三年，恭侯買元年。 二 十九 五年，簡侯悝元年。
孝景十六	年，侯始有罪，國除。 年，復封始。索隱 塞在桃林也。 後元年，始有罪，國除。	四 五年，侯何元年。 十二
建元至元封六年三十六		十 元光五年，侯何坐略人妻，棄市，國除。
侯第		四十七

國名	侯功	高祖十二	孝惠七	高后八	孝文二十三	孝景十六	建元至元封	侯第
堂邑　索隱　縣名，屬臨淮也。	以自定東陽，為將，屬項梁，為楚柱國。四歲，項羽死，屬漢，定豫章、浙江都浙自立為王壯息，侯，千八百戶。復相楚元王十一年。　索隱　案：漢表作「定浙江都浙自立為王壯息，侯。玄孫融，以公主子改封隆慮。」音林廬也。	七　六年十二月甲申，安侯陳嬰元年。	七	四　五年，恭侯祿元年。　四	二　三年，夷侯午元年。　二十一	十六	十一　元光六年，季須元年。　十三　元鼎元年，侯須坐母長公主卒，未除服，姦，兄弟爭財，當死，自殺，國除。	八十六
周呂　索隱　應劭	以呂后兄初起以客從，	三　六年　四　九年	七					

云：「周呂，國也。」案：「周」及「呂」皆國名。濟陰有呂都縣。

入漢為侯。還定三秦，將兵先入碭。漢王之解彭城，往從之，復發兵佐高祖定天下，功侯。

正月，丙戌，令武侯呂澤元年。索隱令武，謚也。一云「令，邑；武，謚也。」又改封令，令，縣名，在

子台封酈侯元年。索隱酈音歷。一作「鄜」，音敷，皆縣名。

國名	侯功	高祖十二	孝惠七	高后八	孝文二十三	孝景十六	建元至元封	侯第
		滎陽，出晉地道記。						
建成 索隱 縣名，屬沛縣。	以呂后兄初起以客從，擊三秦。漢王入漢，而釋之還豐沛，奉衞呂宣王、太上皇。天下已平，封釋之為建成侯。 索隱 呂宣王，呂公謚也。	七 六年正月丙戌，康侯釋之元年。	二 五 三年，侯則元年。有罪。	胡陵七 元年，五月丙寅，封則弟大中大夫呂祿元年。 （八）（七）年，祿為趙王，國除。追尊康侯為昭王。祿以趙王謀為不善				

	留	射陽
	留 索隱 韋昭云：「留，今在彭城。」	射陽 索隱 縣名，屬臨淮。射，一作「貰」。
	以廄將從起下邳，以韓申徒下韓國，言上張旗志，秦王恐，降，解上與項羽之郄，為漢王請漢中地，常計謀平天下，侯，萬戶。	兵初起，與諸侯共擊秦，為楚左令尹，漢王與項羽有郄於
	七 六年正月丙午，文成侯張良元年。索隱 漢表「文平」。案：良傳謚「文成」也。	七 六年正月丙午，侯項纏元年，賜姓劉氏。
	七	二 三年，侯纏卒。嗣子睢有罪，國除。
，大臣誅祿，遂滅呂。	二 六 三年，不疑元年。	
	四 五年，侯不疑坐與門大夫謀殺故楚內史，當死，贖為城旦，國除。	
	六十二	

國名	侯功	高祖十二	孝惠七	高后八	孝文二十三	孝景十六	建元至元封	侯第
	鴻門，項伯纏解難以破羽纏，嘗有功，封射陽侯。	索隱　項伯也。						
鄼　索隱　鄼音贊，縣名，在沛。劉氏云「以何子祿嗣，無後，國除；呂后封何夫人於南陽鄼」，恐非也。	以客初起從入漢，為丞相，備守蜀及關中，給軍食，佐上定諸侯，為法令，立宗廟，侯，八千戶。	七　六年正月丙午，文終侯蕭何元年。元年，為丞相；九年，為相國。	二 五　三年，哀侯祿元年。	一 七　二年，懿侯同元年。同，祿弟。	筑陽 十九　元年，同有罪，封何小子延元年。索隱 一　後四年，煬侯遺元年。 三　後五年，侯則元年。	一　有罪。 陽武 七　前二年，封煬侯弟幽侯嘉元年。 八　中二年，侯勝元年。	十　元朔二年，侯勝坐不敬，絕。 三　元狩三年，封何曾孫恭侯慶元年。 鄼 三　元狩六年，侯壽成元年。 十　元封四年，壽成為太常，犧牲不如令	一

	曲周	絳
	曲周 索隱 縣名，屬廣平。堅紹封。	絳 索隱 縣
	以將軍從起岐，攻長社以南，別定漢中及蜀，定三秦，擊項羽，侯，四千八百戶。	以中涓從起沛，至霸上
	七 六年正月丙午，景侯酈商元年。	七 六年正月丙
	七	七
	八	八 其四年為太
筑音逐，縣名。	二十三 元年，侯寄元年。	十一　六　條六 元　十　後
	九 有罪。 繆七 中三年，封商他子靖侯堅元年。	十三　平曲三 其三　後元
。除國，	九 元光四年，康侯遂元年。 五 元朔三年，侯宗元年。 十二 元鼎二年，侯終根元年。 二十八 後元二年，侯終根坐咒詛誅，國除。	十六 元朔 十二 元鼎
	六	四

國名	侯功	高祖十二	孝惠七	高后八	孝文二十三	孝景十六	建元至元封	侯第
名，屬河東。子亞夫為條侯。	，為侯。定三秦，食邑，為將軍。入漢，定隴西，擊項羽，守嶢關，定泗水、東海。八千一百戶。	午，武侯周勃元年。		尉。	年，為右丞相，三年，免。復為丞相。 二年，侯勝之元年。 二年，封勃子亞夫元年。	年，為太尉；七（年），為丞相，有罪，國除。 年，封勃子恭侯堅元年。	五年，侯建德元年。 五年，侯建德坐酎金，國除。	
舞陽 索隱 縣名，屬潁川。	以舍人起沛，從至霸上，為侯。入漢，定三秦，為將軍，擊項籍，再益封。從破	七 六年正月丙午，武侯樊噲元年。其七年，為將軍、相國三月。	六 一 七年，侯伉元年。呂須子。	八 坐呂氏誅，族。	二十三 元年，封樊噲子荒侯市人元年。	六 七年，侯它廣元年。 六 中（五）（六）年，侯它廣		五

國名	侯功	高祖十二	孝惠七	高后八	孝文二十三	孝景十六	建元至元封六年三十六	太初已後
	燕，執韓信，侯，五千戶。					非市人子，國除。		
潁陰 索隱 縣名，屬潁川。	以中涓從起碭，至霸上，為昌文君。入漢，定三秦，食邑。以車騎將軍屬淮陰，定齊、淮南及下邑，殺項籍，侯，五千戶。	七 六年正月丙午，懿侯灌嬰元年。	七	八	四 其一，為太尉；三，為丞相。 十九 五年，平侯何元年。	九 七 中三年，侯彊元年。	六 有罪，絕。 九 元光二年，封嬰孫賢為臨汝侯。侯賢元年。 元朔五年，侯賢行賕罪，國除。	九

國名	侯功	高祖十二	孝惠七	高后八	孝文二十三	孝景十六	建元至元封	侯第
汾陰 索隱 縣名，屬河東。	初起以職志擊破秦，入漢，出關，以內史堅守敖倉，以御史大夫定諸侯，比清陽侯，二千八百戶。 索隱 如淳云：「職志，官名，主幡旗。」	七 六年正月丙午，悼侯周昌元年。	三 建平四年，哀侯開方元年。 四	八	四 前五年，侯意元年。 十三 有罪，絕。	安陽八 中二年，封昌孫左車。	建元元年有罪，國除。	十六
梁鄒 索隱 縣名，屬濟南。	兵初起，以謁者從擊破秦，入漢，以將軍擊定諸侯功，比博陽侯，二千八百戶。	七 六年正月丙午，孝侯武儒元年。 索隱 漢表儒作「虎」。	四 五年，侯最元年。 三	八	二十三	十六	六 元光元年，頃侯嬰 三 元光四年，侯山柎 二十 元鼎五年，侯山柎	二十

	成 索隱 縣名，屬涿郡。
	兵初起，以舍人從擊秦，為都尉；入漢，定三秦。出關，以將軍定諸侯功，比厭次侯，二千八百戶。
	七 六年正月丙午，敬侯董渫元年。 索隱 渫音息列反。子赤，封節氏侯。
	七 元年，康侯赤元年。
	八
	二十三
	六 有罪，絕。 節氏 五 中五年，復封康侯赤元年。 索隱 節氏，縣名。
齊元年。 元年。索隱 柎音夫也。 坐酎金，國除。	三 建元四年，恭侯（霸）〔罷〕軍元年。 五 元光三年，侯朝元年。 十二 元狩三年，侯朝為濟南太守，與成陽
	二十五

國名		蓼　索隱　縣名，屬六安。
侯功		以執盾前元年，從起碭，以左司馬入漢，為將軍，三以都尉擊項羽，屬韓信，功侯。　索隱　即漢五年圍羽垓下，淮陰侯將四十萬自
高祖十二		七　六年正月丙午，侯孔藂元年。　索隱　姚氏案：孔子家語云「子武生子魚及子文，文生冣，字子產。」說文以「冣」為「積
孝惠七		七
高后八		八
孝文二十三		八　十五　九年，侯臧元年。
孝景十六		十六
建元至元封	王女通，不敬，國除。	十四　元朔三年，侯臧坐為太常，南陵橋壞，衣冠車不得度，國除。　索隱　案：孔藂云「臧歷位九卿，為御史大夫，辭曰：『臣經學，乞為太常典禮。
侯第		三十

	費　索隱　費音秘，一音扶未反。縣名，屬東海。
當之，孔將軍居左，費將軍居右是也。費將軍即下費侯陳賀也。	以舍人前元年從起碭，以左司馬入漢，用都尉屬韓信，擊項羽有功，為將軍，定會稽、浙江、湖陽，侯。
聚」字，此作「藂」不同。	七　六年正月丙午，圉侯陳賀元年。　集解　徐廣曰：「圉，或作『幽』。」
	七
	八
	二十三　元年，共侯常元年。
	一　二年，侯偃元年。中二 八　中六年，封賀子侯最元 巢四　後三年，最薨，無後，
臣家業與安國，綱紀古訓。』武帝難違其意，遂拜太常典禮，賜如三公。臧子琳位至諸侯，琳子璜失侯爵。」此云臧國除，當是後更封其子也。	

國名	侯功	高祖十二	孝惠七	高后八	孝文二十三	孝景十六	建元至元封	侯第
						年，有罪，絕。 年。 國除。		
陽夏 索隱 縣名，屬淮陰。	以特將將卒五百人，前元年從起宛、朐，至霸上，為侯，以游擊將軍別定代，已破臧荼，封豨為陽夏侯。 索隱 音虛紀反。	五 六年，正月丙午，侯陳豨元年。 十年，八月，豨以趙相國將兵守代。漢使召豨，豨反，以其						

	隆慮　索隱　縣名，屬河內。音林閭，隆，避殤帝諱改也。
	以卒從起碭，以連敖　索隱　徐廣以連敖為典客官也。入漢，以長鈹都尉　索隱　案：以長鈹為官名。說文云
兵與王黃等略代，自立為（燕）〔王〕。漢殺豨靈丘。	七　六年正月丁未，哀侯周竈元年。　索隱　哀，漢表作「克」也。
	七
	八
	十七　六　後二年，侯通元年。
	七　中元年，侯通有罪，國除。
	三十四

國名	侯功	高祖十二	孝惠七	高后八	孝文二十三	孝景十六	建元至元封	侯第
	「鈹者，劍刀裝也。」鈹音皺皮反。漢表作「鈈」，音丕也。擊項羽，有功，侯。							
陽都 索隱 漢志闕，晉書地道記屬琅邪。	以趙將從起鄴，至霸上，為樓煩將，入漢，定三秦，別降翟王，屬悼武王，殺龍且彭城，為大司馬；破羽軍葉，拜為將軍，忠臣，侯，七千八百戶。	七 六年正月戊申，敬侯丁復元年。索隱 復音伏。	七	五 三 六年，趮侯甯元年。	九 十四 十年，侯安成元年。	一 二年，侯安成有罪，國除。		十七

新陽 索隱 漢表作「陽信」。縣名，屬汝南。	以漢五年用左令尹初從，功比堂邑侯，千戶。	七 六月正月壬子，胡侯呂清元年。	三 四 四年，頃侯（世）〔臣〕元年。	八	六 二 十五 七年，懷侯義元年。 九年，惠侯它元年。	四 五 七 五年，恭侯善元年。 中三年，侯譚元年。	二十八 元鼎五年，侯譚坐酎金，國除。	八十一
東武 索隱 縣名，屬琅邪郡。	以戶衛 集解 徐廣曰：「一云『從』。」 起薛，屬悼武王，破秦軍杠里，楊熊軍曲遇，入漢，為越 集解 徐廣曰：「一	七 六年正月戊午，貞侯郭蒙元年。	七	五 三 六年，侯它元年。	二十三	五 六年，侯它弃市，國除。		四十一

國名	侯功	高祖十二	孝惠七	高后八	孝文二十三	孝景十六	建元至元封	侯第
	作『城』。」將軍，定三秦，以都尉堅守敖倉，為將軍，破籍軍，功侯，二千戶。							
汁方 集解 如淳曰：「汁音什。邡音方。」 索隱 什邡。縣名，屬廣漢。音十方。汁，又如字。	以趙將前三年從定諸侯，侯，二千五百戶，功比平定侯。齒故沛豪，有力，與上有郄，故晚從。	七 六年三月戊子，肅侯雍齒元年。	二 五 三年，荒侯巨元年。侯巨元年。	八	二十三	二 十　三年，侯野元年。 四　中六年，終侯桓元年。	二十八 元鼎五年，終侯桓坐酎金，國除。	五十七
棘蒲 索隱 漢志闕。	以將軍前元年率將二千五百人起薛	七 六年三月丙申，剛侯陳	七	八	十六 後元年，侯武薨。			十三

	，別救東阿，至霸上，二歲十月入漢，擊齊歷下軍田既，功侯。	武元年。			嗣子奇反，不得置後，國除。			
都昌 索隱 漢志闕。	以舍人前元年從起沛，以騎隊（卒）〔率〕先	七 六年三月庚子，莊侯朱軫元年。	七	八 元年，剛侯率元年。	七 十六 八年，夷侯詘元年。	二 元年，恭侯偃元年。 五 三年，侯辟彊元年。 中元年，辟彊薨，無後，國除。		二十三
武彊 索隱 漢志闕。	以舍人從至霸上，以騎將入漢。還	七 六年三月庚子，莊侯莊	七	六 二 七年，簡	十七 六 後二年，	十六	二十五 元鼎二年，侯青翟坐為丞相	三十三

國名	侯功	高祖十二	孝惠七	高后八	孝文二十三	孝景十六	建元至元封	侯第
	擊項羽，屬丞相甯，功侯，用將軍擊黥布，侯。	不識元年。		侯嬰元年。	侯青翟元年。		與長史朱買臣等逮御史大夫湯不直，國除。	
貰 索隱 縣名，屬鉅鹿。貰音世，一音時夜反。	以越戶將從破秦，入漢，定三秦，以都尉擊項羽，千六百戶，功比臺侯。	二 五 六年，三月庚子，齊侯呂元年。集解 徐廣曰：「呂，一作『台』。」索隱 齊侯呂	七	八	二 十二 元年，煬侯赤元年。 十二年，康侯遺元年。	十六	十六 八 元朔五年，侯倩索隱 青練反，又七淨反也。元年。 元鼎元年，侯倩坐殺人，弃市，國除。	三十六

國名	侯功	高祖十二	孝惠七	高后八	孝文二十三	孝景十六	建元至元封六年三十六	侯第
		博國。諡法：「執心克莊曰齊。」						
海陽 索隱 海陽亦南越縣。地理志闕。	以越隊將從破秦，入漢定三秦，以都尉擊項羽，侯，千八百戶。	七 六年三月庚子，齊信侯搖毋餘 索隱 案：毋餘，東越之族也。 元年。	二 五 三年，哀侯招攘元年。 索隱 漢表作「昭襄」也。	四 四 五年，康侯建元年。	二十三	三 十 四年，哀侯省元年。 中六年，侯省薨，無後，國除。		三十七
南安 索隱 縣名，屬犍為。建安亦有此縣。	以河南將軍漢王三年降晉陽，以亞將破臧荼，侯，九百戶。	七 六年三月庚子，莊侯宣虎元年。	七	八	八 十一 四 九年，共侯 後四年，侯	七 中元年，千秋坐傷人免。		六十三

國名	侯功	高祖十二	孝惠七	高后八	孝文二十三	孝景十六	建元至元封	侯第
	索隱　亞將，漢表作「連將」也。				戎元年。 千秋元年。			
肥如　索隱　縣名，屬遼西。應劭云：「肥子奔燕，燕封於此。肥，國也；如，往也；因以為縣也。」	以魏太僕三年初從，以車騎都尉破龍且及彭城，侯，千戶。	七　六年三月庚子，敬侯蔡寅元年。	七	八	二 三年，莊侯成元年。十四 後元年，侯奴元年。七	元年，侯奴薨，無後，國除。		六十六
曲城　索隱　曲成縣，漢志闕，表在涿郡。	以曲城戶將卒三十七人初從起碭，至霸上，為執珪，為二隊將，屬悼武王，入漢	七　六年三月庚子，圉侯蟲逢元年。索隱　曲城圉侯蟲達。蟲音如字。	七	八	八　元年，侯捷元年。有罪，絕。 五　後三年，復封恭侯捷元年。	十三　有罪，絕。 垣五　中五年，復封恭侯捷元年。	一　建元二年，侯皋柔元年。 二十五　元鼎三年，侯皋柔坐為汝南	十八

	河陽 索隱 縣名，屬河內。
，定三秦，以都尉破項羽軍陳下，功侯，四千戶。為將軍，擊燕、代，拔之。	以卒前元年起碭從，以二隊將入漢，擊項羽，身得郎將處
楚漢春秋云「夜侯蟲達」，蓋改封也。夜縣屬東萊。又謚法：「威德彊武曰圉」。子恭侯捷封垣，故位次曰「夜侯垣」，亦誤。	七 六年三月庚子，**莊侯陳涓**元年。
	七
	八
	三 元年，侯信元年。 四年，侯信坐不償
太守知民不用赤側錢為賦，索隱 不用赤側為賦。案：時用赤側錢，而汝南不以為賦也。國除。	
	二十九

國名		淮陰　索隱　縣名，屬臨淮。
侯功	，功侯。以丞相定齊地。	兵初起，以卒從項梁，梁死屬項羽，為郎中，至咸陽，亡從入漢，為連敖典客，蕭何言為大將軍，別定魏、齊，為王，徙楚，坐擅發兵，廢為淮陰侯。索隱　典客，漢表作「粟客」，蓋
高祖十二		五 六年，四月，侯韓信元年。 十一年，信謀反關中，呂后誅信，夷三族，國除。
孝惠七		
高后八		
孝文二十三	人責過六月，奪侯，國除。	
孝景十六		
建元至元封		
侯第		

（前侯）	芒
	芒 索隱 縣名，屬沛。
字誤。傳作「治粟都尉」，或先為連敖典客也。	以門尉前元年初起碭，至霸上，為武定君，入漢，還定三秦，以都尉擊項羽，侯。
	三 六年，侯昭元年。 集解 徐廣曰：「昭，一作『起』，漢書年表云『芒侯耏跖』。」 索隱 耏跖音而隻二音，耏又音人才反。字林以多須髮曰耏。耏，姓也。左傳宋
	張十一 孝景三年，昭以故芒侯將兵從太尉亞夫擊吳楚有功，復侯。 三 後元年三月，侯申元年。
	十七 元朔六年，侯申坐尚南宮公主。 索隱 南宮公主，景帝女，初，南宮侯張坐尚之，有罪，後張侯耏申尚之也。 不敬，國除。

國名	侯功	高祖十二	孝惠七	高后八	孝文二十三	孝景十六	建元至元封	侯第
		有彤班。九年，侯昭有罪，國除。						
故市 索隱 縣名，屬河南。	以執盾初起，入漢，為河上守，遷為假相，擊項羽，侯，千戶，功比平定侯。	三 六年四月癸未，侯閻澤赤元年。 四 九年，夷侯毋害元年。	七	八	十九 四 後四年，戴侯續元年。	四 十二 孝景五年，侯穀嗣。	二十八 元鼎五年，侯穀坐酎金，國除。	五十五
柳丘 索隱 縣名，屬渤海。	以連敖從起薛，以二隊將入漢，定三秦，以都尉破項籍軍，為將軍，侯，千戶。	七 六年六月丁亥，齊侯戎賜元年。	七	四 四 五年，定侯安國元年。	二十三	三 四年，敬侯嘉成元年。 十 後元年，侯角嗣，有罪，國除。		二十六

魏其 索隱 縣名，屬琅邪。	以舍人從沛，以郎中入漢，為周信侯，定三秦，遷為郎中騎將，破籍東城，侯，千戶。	七　六年六月丁亥，莊侯周定元年。	七	四　四　五年，侯閒元年。	二十三	二　前三年，侯閒反，國除。		四十四
祁 索隱 縣名，屬太原。	以執盾漢王三年初起從晉陽，以連敖擊項籍，漢王敗走，賀方將軍擊楚，追騎以故不得進。漢王顧謂賀：（祁）「子留彭城，（軍）〔用〕執圭東擊羽，急絕其	七　六年六月丁亥，穀侯繒賀元年。索隱 謚法「行見中外曰穀。」	七	八	十一　十二　十二年，頃侯湖元年。	五　十一　六年，侯它元年。	八　元光二年，侯它坐從射擅罷，不敬，國除。集解 徐廣曰：「射。一作『酎』。」	五十一

國名	侯功	高祖十二	孝惠七	高后八	孝文二十三	孝景十六	建元至元封	侯第
	近壁。」侯，千四百戶。集解 徐廣曰：「戰彭城，為尉敗斬將。」又云：「漢王顧歎賀祁戰彭城斬將。」							
平 索隱 縣名，屬河南。	兵初起，以舍人從擊秦，以郎中入漢，以將軍定諸侯，守洛陽，功侯，比費侯賀，千三百戶。	六 六年六月丁亥，悼侯沛嘉元年。 一 十二年，靖侯奴元年。	七	八	十五 八 十六年，侯執元年。	十一 中五年，侯執有罪，國除。		三十二

魯	故城
魯 索隱 縣名，屬魯國。	故城 索隱 漢表
以舍人從起沛，至咸陽為郎中，入漢，以將軍從定諸侯，侯，四千八百戶，功比舞陽侯。死事，母代侯。集解 徐廣曰：「漢書云魯侯涓，涓死無子，封母疵。」索隱 涓無子，封(中)母侯疵也。	兵初起，以謁者從，入
七 六年中，母侯疵元年。	七 六年中，莊
七	二 三年，侯 五
四 五年，母侯疵薨，無後，國除。	二 三年，侯
七	二十六

國名	侯功	高祖十二	孝惠七	高后八	孝文二十三	孝景十六	建元至元封	侯第
索隱　作「城父」，屬沛郡。	漢，以將軍擊諸侯，以右丞相備守淮陽功，比厭次侯，二千戶。	侯尹恢元年。	開方元年。	方奪侯，為關內侯。				
任　索隱　縣名，屬廣平。	以騎都尉漢五年從起東垣，擊燕、代，屬雍齒，有功，侯。為車騎將軍。	七　六年，侯張越元年。索隱　任侯張（成）「戉」。漢表作「張越」。	七	二　三年，侯越坐匿死罪，免為庶人，國除。				
棘丘　索隱　漢志棘丘地闕。	以執盾隊史前元年從起碭，破秦，以治粟內史入漢，以上郡守擊定西魏地，功侯。	七　六年，侯襄元年。索隱　襄，名也。史失姓及謚。	七	四　四年，侯襄奪侯，為士伍，國除。				

國名	侯功	高祖十二	孝惠七	高后八	孝文二十三	孝景十六	建元至元封六年三十六	侯第
阿陵 索隱 縣名，屬涿郡。	以連敖前元年從起單父，以塞疏入漢 集解 徐廣曰：「一云『塞路』，一云『以眾入漢中』。」 索隱 起單父塞路入漢，一云「塞疏」，一云「以眾疏入漢」。案：「塞路」字誤為「疏」。小顏云「主遮塞要路也」。	七 六年七月庚寅，頃侯郭亭元年。	七	八	二 三年，惠侯歐元年。 二十一	十八 前二年，侯勝客元年。有罪，絕。 南 四 中六年，靖侯延居元年。	十一 元光六年，侯則元年。 十七 元鼎五年，侯則坐酎金，國除。	二十七
昌武 索隱 漢志昌武闕。	初起以舍人從，以郎中入漢，定三	七 六年七月庚寅，靖信侯	五 二 六年，夷	八	二十三	十 六 中四年，	十 元光五年 四 元朔三年	四十五

國名	侯功	高祖十二	孝惠七	高后八	孝文二十三	孝景十六	建元至元封	侯第
	秦，以郎中將擊諸侯，侯，九百八十戶，比魏其侯。	單甯元年。索隱　單甯音善佞。	侯如意元年。			康侯賈成元年。	，侯得元年。 ，侯得坐傷人二旬內死，弃市，國除。	
高苑 索隱　高宛，縣名，屬千乘。	初起以舍人從，入漢，定三秦，以中尉破籍，侯，千六百戶，比斥丘侯。	七　六年七月戊戌，制侯丙倩元年。索隱　倩音七淨反。	七　元年，簡侯得元年。	八	十五　八　十六年，孝侯武元年。	十六	二　建元元年，侯信元年。 建元三年，侯信坐出入屬車間，奪侯，國除。	四十一
宣曲 索隱　漢志闕。	以卒從起留，以騎將入漢，定三秦，破籍軍滎	七　六年七月戊戌，齊侯丁義元年。	七	八	十　十一年，侯通元年。　十三	四　有罪，除。 發婁　中五年，復封		四十三

	絳陽 索隱 漢志闕，漢表作「終陵」也。	東茅 索隱 漢志
陽，為郎騎〔將〕，破鍾離眛軍固陵，侯，六百七十戶。	以越將從起留，入漢，定三秦，擊臧荼，侯，七百四十戶。從攻馬邑及布。	以舍人從〔起〕碭，至
	七 六年七月戊戌，齊侯華毋害元年。	七 六年八月丙
	七	七
	八	八
	三 四年，恭侯勃齊元年。 十六 後四年，侯祿元年。 四	二 三年 十三 十六
侯通元年。中六年，侯通有罪，國除。	三 (前)四年，侯祿坐出界，有罪，國除。	
	四十六	四十八

國名	侯功	高祖十二	孝惠七	高后八	孝文二十三	孝景十六	建元至元封	侯第
闕。一作「柔」也。	覇上，以二隊入漢，定三秦，以都尉擊項羽，破臧荼，侯。捕韓信，為將軍，益邑千戶。	辰，敬侯劉釗元年。			，侯吉元年。　年，侯吉奪爵，國除。			
斥丘 索隱 縣名，屬魏郡。	以舍人從起豐，以左司馬入漢，以亞將攻籍，剋敵，為東郡都尉，擊破籍武城，〔侯〕為漢中尉，擊布，為斥丘侯，集解 徐廣曰：「一云	七 六年八月丙辰，懿侯唐厲元年。	七	八	八 十三 九年，恭侯鼂元年。 二 後六年，侯賢元年。	十六	二十五 元鼎二年，侯尊元年。 三 元鼎五年，侯尊坐酎金，國除。	四十

安國 索隱 縣名，屬中山。	臺 索隱 案：臨淄郡有臺鄉縣。	
以客從起豐，以廄將別定東郡、南陽，從至霸上。入漢，	以舍人從起碭，用隊率入漢，以都尉擊籍，籍死，轉擊臨江，屬將軍賈，功侯。以將軍擊燕。	『城武』。」索隱 破籍武城，初為武城侯；後擊布，改封斥丘。千戶。
七 六年八月甲子，武侯王陵元年。定侯安國。	七 六年八月甲子，定侯戴野元年。	
七 其六年，為右丞相。	七	
七 一 八年，哀侯忌	八	
二十三 元年，終侯游元年。集解 徐廣曰：「游	三 四年，侯才元年。 二十	
十六	二 三年，侯才反，國除。	
二十 建元元年，三月， 八 元狩三年，侯定元		
十二	三十五	

國名	侯功	高祖十二	孝惠七	高后八	孝文二十三	孝景十六	建元至元封	侯第
	守豐。上東，因從戰不利，奉孝惠、魯元年（淮）〔睢〕水中，及堅守豐，（于）〔封〕雍侯，五千戶。			元年。	，一作『昭』。」		安侯辟方元年。 年。元鼎五年，侯定坐酎金，國除。	
樂成 索隱 漢志闕。	以中涓騎從起碭中，為騎將，入漢，定三秦，侯。以都尉擊籍，屬灌嬰，殺龍且，更為樂成侯，千戶。	七 六年八月甲子，節侯丁禮元年。	七	八	四 十八 五年，夷侯馬從元年。 一 後七年，武侯客元年。	十六	二十五 元鼎二年，侯義元年。 三 元鼎五年，侯義坐言五利侯不道，弃市，國除。	四十二
辟陽 索隱 縣名	以舍人初起，侍呂后、	七 六年八月甲	七	八	三 二十 四年	二 三年，平		五十九

，屬信都。	安平 索隱 縣名，屬涿郡。	蒯成 索隱 漢志闕，晉書地道記屬北地。案：緤封池陽，後定封蒯成。音苦壞反。小顏音普肯反。
孝惠沛三歲，十月，呂后入楚，食其從一歲，侯。	以謁者漢王三年初從，定諸侯，有功(秋)〔秩〕，舉蕭何，功侯，二千戶。	以舍人從起沛，至霸上，侯。入漢，定三秦，食邑池陽。擊項羽軍滎陽，絕甬道，從出，度平陰，遇淮陰侯軍襄國
子，幽侯審食其元年。	七 六年八月甲子，敬侯諤千秋元年。	七 六年八月甲子，尊侯周緤元年。十二年十月乙未，定蒯成。
	二 孝惠三年，簡侯嘉元年。 五	七
	七 八年，頃侯應元年。 一	八
，侯平元年。	十三 十四年，煬侯寄元年。 十	五 緤薨，子昌代。有罪，絕，國除。
坐反，國除。	十五 後三年，侯但元年。 一	鄲 一 中元年，封緤子康侯應元年。索隱 緤子紹封鄲。 八 中二年，侯中居元年。索隱 中音仲。
	十八 元狩元年，坐與淮南王女陵通，遺淮南書稱臣盡力，弃市，國除。	二十六 元鼎三年，居坐為太常有罪，國除。
	六十一	二十二

國名	侯功	高祖十二	孝惠七	高后八	孝文二十三	孝景十六	建元至元封	侯第
	。楚漢約分鴻溝，以緤為信，戰不利，不敢離上，侯，三千三百戶。					案：漢志屬沛郡，如淳引闞駰州志音多。		
北平 索隱 縣名，屬中山。	以客從起陽武，至霸上，為常山守，得陳餘，為代相，徙趙相，侯。為計相四歲，淮南相十四歲。千三百戶。	七 六年八月丁丑，文侯張倉元年。	七	八	二十三 其四為丞相 索隱 為計相也。 五歲罷。	五 六年，康侯奉元年。 八 三 後元年，侯預元年。	四 建元五年，侯預坐臨諸侯喪後，不敬，國除。	六十五
高胡 索隱 漢志闕。	以卒從起杠里，入漢，以都尉擊籍，以都尉定燕，侯，千戶。	七 六年中，侯陳夫乞元年。	七	八	四 五年，殤侯程嗣。薨，無後，國除。			八十二

厭次 索隱 漢志闕；晉書地道記屬平原，後乃屬樂陵國也。	以慎將前元年從起留，入漢，以都尉守廣武，功侯。	七 六年中，侯元頃元年。集解 徐廣曰：「漢書作『爰類』。」	七	八	五 元年，侯賀元年。六年，侯賀謀反，國除。			二十四
平皋 索隱 縣名，屬河內。	項它，漢六年以碭郡長初從，賜姓為劉氏；功比戴侯彭祖，五百八十戶。	六 七年十月癸亥，煬侯劉它元年。	四 三 五年，恭侯遠元年。	八	二十三	十六 元年，節侯光元年。	二十八 建元元年，侯勝元年。元鼎五年，侯勝坐酎金，國除。	百二十一
復陽 索隱 縣名，屬南陽。復音伏。應劭云：「在桐柏山下，復水之陽也。」	以卒從起薛，以將軍入漢，以右司馬擊項籍，侯，千戶。	六 七年十月甲子，剛侯陳胥元年。	七	八	十 十三 十一年，恭侯嘉元年。	五 十一 六年，康侯拾元年。	十二 元朔元年，侯彊元年。七 元狩二年，坐父拾非嘉子，國除。	四十九

國名	侯功	高祖十二	孝惠七	高后八	孝文二十三	孝景十六	建元至元封	侯第
陽河 索隱：縣名，屬上黨。	以中謁者從入漢，以郎中騎從定諸侯，五百戶，功比高胡侯。	三 七年十月甲子，齊哀侯元年。索隱：陽河齊侯卞訢；漢表作「其石」。 三 十年，侯安國元年。	七	八	二十三	十 六 中四年，侯午元年。中年，絕。	二十七 元鼎四年，恭侯章元年。索隱：埤音卑。 埤山 三 元封元年，侯仁元年。 二十 征和三年，十月，仁與母坐祝詛，大逆無道，國除。	八十三

國名	侯功	高祖十二	孝惠七	高后八	孝文二十三	孝景十六	建元至元封六年三十六	侯第
朝陽 索隱 縣名，屬南陽。	以舍人從起薛，以連敖入漢，以都尉擊項羽，後攻韓王信，侯，千戶。	六 七年三月（丙）〔壬〕寅，齊侯華寄元年。	七	八 元年，文侯要元年。	十三 十 十四年，侯當元年。	十六	十三 元朔三年，侯當坐教人上書枉法罪，國除。	六十九
棘陽 索隱 棘音紀力反，縣名，屬南陽。	以卒從起胡陵，入漢，以郎將迎左丞相軍以擊（諸侯）〔項籍〕，侯，千戶。	六 七年七月丙（辰）〔申〕，莊侯杜得臣元年。索隱 壯侯	七	八	五 十八 六年，質侯但元年。	十六	九 元光四年，懷侯武元年。 七 元朔五年，侯武薨，無後，國除。	八十一
涅陽 索隱 縣名，屬南陽。	以騎士漢王二年從出關，以郎將擊斬項羽，侯，千五百戶，比杜衍侯。	六 七年中，莊侯 索隱 壯侯。案：五侯斬項籍，皆謚「壯。」	七	八	四 五年，莊侯子成實非子，不當為侯，國除。			百四

國名	侯功	高祖十二	孝惠七	高后八	孝文二十三	孝景十六	建元至元封	侯第
		漢表以為「莊」。皆避諱改作「嚴」，誤也。呂勝元年。						
平棘 索隱 縣名，屬常山。	以客從起亢父，斬章邯所署蜀守，用燕相侯，千戶。	六 七年中，懿侯執元年。集解 徐廣曰：「漢表作『林摯』。」	七	七 一 八年，侯辟彊元年。	五 六年，侯辟彊有罪，〔為〕鬼薪，國除。			六十四
羹頡	以高祖兄子從軍，擊反韓王信，為郎中將。信母嘗有罪高祖微時，太上憐之，故封為羹頡侯。	六 七年中，侯劉信元年。	七	元年，信有罪，削爵一級，為關內侯。				

深澤	柏至
深澤 索隱 縣名，屬中山。	柏至 索隱 漢志闕
以趙將漢王三年降，屬淮陰侯，定趙、齊、楚，以擊平城，侯，七百戶。	以駢憐從起昌邑，以說衛入漢，以中尉擊籍，侯，千戶。集解 漢表師古曰：「二馬曰駢憐
五 八年十月癸丑，齊侯趙將夜元年。索隱 漢表作「將夕」。	六 七年（七）〔十〕月戊辰，靖侯許溫元年。索隱 漢表作「許盎」。
七	七
一 奪，絕。三年復封，一年絕。	一 六 二年，有罪，絕。三年，復封溫如故。
四 十四年，復封將夜元年。六 後二年，戴侯頭元年。	十四 元年，簡侯祿元年。九 十五年，哀侯昌元年。
二 七 三年，侯循元年。罪，絕。更五 中五年，封頭子夷侯胡元年。	十六
十六 元朔五年，夷侯胡薨，無後，國除。	七 元光二年，共侯 十三 元狩三年，福侯 五 元鼎二年，福侯
九十八	五十八

國名		中水 索隱 縣名，屬涿郡。應劭云：「易、滱二水之中。」
侯功	，謂騈兩騎為軍翼也。說，讀曰稅。說衛謂軍行止舍主為衛也。」索隱 姚氏憐鄰聲相近，騈鄰猶比鄰也。說衛者，說，稅也，稅衛謂軍行初稅之時，主為衛也。	以郎中騎將漢王元年從起好時，以司馬擊龍且，（後）〔復〕共斬項
高祖十二		六 七年正月己酉，莊侯索隱 壯侯呂馬童元年。
孝惠七		七
高后八		八
孝文二十三		九 三 十年，夷侯 十一 十三年，共
孝景十六		十六
建元至元封	（如安）〔安如〕元年。 元年。 有罪，國除。	五 建元六年， 一 元光元年， 二十三 元鼎五年，
侯第		百一

	杜衍 索隱 縣名，屬南陽。
羽，侯，千五百戶。	以郎中騎漢王三年從起下邳，屬淮陰，從灌嬰共斬項羽，侯，千七百戶。
	六 七年正月己酉，莊侯王翳元年。 索隱 漢表作「王翥」也。
	七
	五 三 六年，共侯福元年。
假元年。 青肩元年。	四 七　五年，侯市臣元年。 十二　十二年，侯翕元年。
	十二 有罪，絕。 三 後元年，復封翳子彊侯郢人元年。 集解 徐廣曰：「彊
靖侯德元年。 侯宜成元年。 宜成坐酎金，國除。	九 元光四年，侯定國元年。 十二 元狩四年，侯定國有罪，國除。
	百二

國名	侯功	高祖十二	孝惠七	高后八	孝文二十三	孝景十六	建元至元封	侯第
						，一作『景』。」		
赤泉 索隱 漢志闕	以郎中騎漢王二年從起杜，屬淮陰，後從灌嬰共斬項羽，侯，千九百戶。	六 七年正月己酉，莊侯楊喜元年。	七	七 元年，奪，絕。二年，復封。	十一 十二 十二年，定侯殷元年。	三 四年，侯無害元年。 六 有罪，絕。 臨汝 五 中五年，復封侯無害元年。	七 元光二年，侯無害有罪，國除。	百三
栒 索隱 縣名，屬扶風，音荀，故周	以燕將軍漢王四年從曹咎軍，為燕相，告燕王	五 八年十月丙辰，頃侯溫疥元年。	七	八	五 十七 六年， 一 後七年，年	十 中四年，侯河有罪，國除。		九十一

文王封其子之邑。河東亦有郇城也。	荼反，侯，以燕相國定盧奴，千九百戶。				文侯仁元年。 ，侯河元年。			
武原 索隱 漢志闕	漢七年，以梁將軍初從擊韓信、陳豨、黥布功，侯，二千八百戶，功比高陵。	五 八年十二月丁未，靖侯衛胠元年。索隱 漢表胠作「肱」，音脅，又音怯。	三 四 四年，共侯寄元年。	八	二十三	三 十三 四年，侯不害元年。 後二年，不害坐葬過律，國除。		九十三
磨 索隱 磨，漢志闕，表作「歷」。歷縣在信都。劉氏依字讀，言天下地名多，既	以趙衛將軍漢王三年從起盧奴，擊項羽敖倉下，為將軍，攻臧荼有功，侯，千戶。	五 八年七月癸酉，簡侯程黑元年。	七	二 六 三年，孝侯釐元年。	十六 七 後元年，侯竈元年。	七 中元年，竈有罪，國除。		九十二

國名	侯功	高祖十二	孝惠七	高后八	孝文二十三	孝景十六	建元至元封	侯第
無定證，且依字是不決之詞，地之與邑並無「磨」，誤也								
稾 索隱 漢志稾縣屬山陽也。	高帝七年，為將軍，從擊代陳豨有功，侯，六百戶。	八年十二月丁未，祗侯陳錯元年。索隱 漢表作「鍇」，音楷。三倉云：「九江人名鐵曰『鍇』。」 五	二 三年，懷侯嬰元年。 五	八	六 七年，共侯應元年。 十四 後五年，侯安元年。 三	十六	十二 不得千秋父。集解 徐廣曰：「千秋父以元朔元年立。」 七 元狩二年，侯千秋元年。 九 元鼎五年，侯千秋坐酎金，國除。	百二十四

宋子 索隱 漢志宋子縣屬鉅鹿也

以漢三年以趙羽林將初從，擊定諸侯，功比磨侯，五百四十戶。

四

八年十二月丁卯，惠侯許瘛元年。集解 瘛音充志反。索隱 音尺制反。郭璞音胡計反。亦作「瘛」，字林音巨月反。

一

十二年，共侯不疑元年。

七

八

九

十年，侯九元年。

十四

八

中二年，侯九坐買塞外禁物罪，國除。

九十九

國名	侯功	高祖十二	孝惠七	高后八	孝文二十三	孝景十六	建元至元封	侯第
猗氏 索隱 縣名，屬河東	以舍人從起豐，入漢，以都尉擊項羽，侯，二千四百戶。	五 八年三月丙戌，敬侯陳遬元年。索隱 遬音速。	六 一 七年，靖侯交元年。	八	二十三	二 三年，頃侯差元年。薨，無後，國除。		五十
清 索隱 縣名，屬東郡	以弩將初起，從入漢，以都尉擊項羽、代，侯，比彭侯，千戶。	五 八年三月丙戌，簡侯空中元年。集解 徐廣曰：「空，一作『窒』。」索隱 清簡侯空中同。空，一作「窒」，窒中，姓，見風俗通。	七 元年，頃侯聖元年。	八	七 十六 八年，康侯鮒元年。	十六	二十 元狩三年，恭侯石元年。 七 元鼎四年，侯生元年。 一 元鼎五年，生坐酎金國除。	七十一

國名	侯功	高祖十二	孝惠七	高后八	孝文二十三	孝景十六	建元至元封六年三十六	侯第
彊 索隱 漢志彊闕。	以客吏初起，從入漢，以都尉擊項羽、代，侯，比彭侯，千戶。	三 八年三月丙戌，簡侯留勝元年。 二 十一年，戴侯章元年。	七	八	十二 十三年，侯服元年。 二 十五年，侯服有罪，國除。			七十二
彭 索隱 漢表屬東海郡	以卒從起薛，以弩將入漢，以都尉擊項羽、代，侯，千戶。	五 八年三月丙戌，簡侯秦同元年。	七	八	二 二十一 三年，戴侯執元年。	二 三年，侯武元年。 十一 後元年，侯武有罪，國除。		七十
吳房 索隱 縣名，屬汝南	以郎中騎將漢王元年從〔起〕下邽、擊陽夏，以都尉斬項羽，有功，侯，七百戶。	五 八年三月辛(巳)〔卯〕，莊侯楊武元年。	七	八	十二 十一 十三年，侯去疾元年。	十四 後元年，去疾有罪，國除。		九十四

國名	侯功	高祖十二	孝惠七	高后八	孝文二十三	孝景十六	建元至元封	侯第
甯　索隱　漢表甯陽屬濟南也。	以舍人從起碭，入漢，以都尉擊臧荼功，侯，千戶。	五 八年四月辛(卯)〔酉〕，莊侯魏選元年。	七	八	十五 八 十六年，恭侯連元年。	三 元年，侯指元年。 四年，侯指坐出國界，有罪，國除。		七十八
昌　索隱　縣名，屬琅邪。	以齊將漢王四年從淮陰侯起無鹽，定齊，擊籍及韓王信於代，侯，千戶。	五 八年六月戊申，圉侯盧卿元年。　索隱　漢表姓「旅」，旅即「盧」，古「旅弓」字亦然也。	七	八	十四 九 十五年，侯通元年。	二 三年，侯通反，國除。		百九
共　索隱　縣名，屬河內。	以齊將漢王四年從淮陰侯起臨淄，	五 八年六月壬子，莊侯盧	七	八	六八五 七十後 年五四			百十四

	閼氏 索隱 縣名，屬安定。
擊籍及韓王信於平城，有功，侯，千二百戶。	以代太尉漢王三年降，為鴈門守，以特將平代反寇，侯，千戶。 索隱 漢表「太尉」作「大與」。大與，爵名，音泰也。
罷師元年。	四 八年六月壬子，節侯**馮解敢**元年。 一 十二年，恭侯它元年。薨，無後，絕。
，惠侯黨元年。 年，懷侯商元年。 年，侯商薨，無後，國除。	十四 二年，封恭侯遺腹子文侯遺元年。 八 十六年，恭侯勝之元年。
	五 前六年，侯平元年。 十一
	二十八 元鼎五年，侯平坐酎金，國除。
	百

國名	侯功	高祖十二	孝惠七	高后八	孝文二十三	孝景十六	建元至元封	侯第
安丘 索隱 安丘，縣名，屬北海也。	以卒從起方與，屬魏豹，二歲五月，以執鈹入漢，以司馬擊籍，以將軍定代，侯，三千戶。	五 八年七月癸酉，懿侯張說 索隱 音悅 元年。	七	八	十二 十一 十三年，恭侯奴元年。	二 一 三年，敬侯執元年。 十三 四年，康侯訢元年。	十八 元狩元年，侯指元年。 九 元鼎四年，侯指坐入上林謀盜鹿，國除。	六十七
合陽 索隱 合陽屬馮翊。	高祖兄。兵初起，侍太子守豐，天下已平，以六年正月立仲為代王。高祖八年，匈奴攻代，王弃國亡，廢為合陽侯。	五 八年九月丙子，侯劉仲元年。 集解 徐廣曰：「一名『嘉』。」 索隱 仲名嘉，高祖弟	二 仲子濞，為吳王。以子吳王故，尊仲謚為代頃侯。					

國名	侯功	高祖十二	孝惠七	高后八	孝文二十三	孝景十六	建元至元封六年三十六	侯第
襄平 索隱 縣名，屬臨淮	兵初起，紀成以將軍從擊破秦，入漢，定三秦，功（定平）〔比平定〕侯。戰好時，死事。子通襲成功，侯。	五 八年〔後〕九月丙午，侯紀通元年。	七	八	二十三	九 中三年，康侯相夫元年。 七	十二 元朔元年，侯夷吾元年。 十九 元封元年，夷吾薨，無後，國除。	
龍 索隱 廬江有龍舒縣，蓋其地也。	以卒從，漢王元年起霸上，以謁者擊籍，斬曹咎，侯，千戶。	五 八年後九月己未，敬侯陳署元年。	七	六 七年，侯堅元年。 二	十六 後元年，侯堅奪侯，國除。			八十四
繁 索隱 地理志有繁陽。恐別有繁縣，志闕。	以趙騎將從，漢三年，從擊諸侯，侯，比吳房侯，	四 九年十一月壬寅，莊侯彊瞻元年。	四 五年，康侯昫獨元年 三	八	二十三	三 六 四年， 七 中三年	十八 元狩元年，安國為人所殺，國除。	九十五

國名	侯功	高祖十二	孝惠七	高后八	孝文二十三	孝景十六	建元至元封	侯第
	侯，千五百戶。	索隱　漢表作「平嚴侯張瞻」，此作「強瞻」。	集解　一云「侯惸」。			侯寄元年。 ，侯安國元年。		
陸梁　索隱　陸量。如淳據始皇紀所謂「陸量地」。案今在江南也。	詔以為列侯，自置吏，受令長沙王。	三　九年三月丙辰，侯須毋元年。索隱　漢表作「須無」。 一　十二年，共侯桑元年。	七	八	十八 五　後三年，康侯慶忌元年。	元年，侯冄元年。 十六	二十八　元鼎五年，侯冄坐酎金，國除。	百三十七
高京　集解　徐廣曰：「一作	周苛起兵，以內史從，擊破秦，為	四　九年四月（丙）〔戊〕	七	八	二十　後五年，坐謀反，	繩　中元年，侯平嗣，	元狩四年，平坐為太常不繕	六十

『景』。」索隱　漢志闕	御史大夫，入漢，圍取諸侯，堅守滎陽，功比辟陽。苛以御史大夫死事。子成為後，襲侯。	寅，侯周成元年。			繫死，國除，絕。	封成孫應元年。不得元。	治園陵，不敬，國除。	
離　索隱　漢志闕	失此侯始所起及所絕。索隱　案：楚漢春秋亦闕。漢表成帝時光祿大夫滑堪日旁占驗，曰「鄧弱以長沙將兵侯。」是所起也。	九年四月戊寅，鄧弱元年						
義陵　索隱　徐廣曰：「一作	以長沙柱國侯，千五百戶。	四　九年九月丙子，侯吳程	三　四　四年，侯	六　七年，侯種薨，無				百三十四

國名	侯功	高祖十二	孝惠七	高后八	孝文二十三	孝景十六	建元至元封	侯第
『義陽』。」索隱 義陽，在汝南		元年。	種元年。	後，國除。皆失謚。				
宣平 索隱 楚漢春秋「南宮侯張耳」，此作宣平侯敖。敖，耳子。陳平錄第時，耳已薨故也。	兵初起，張耳誅秦，為相，合諸侯兵鉅鹿，破秦定趙，為常山王。陳餘反，襲耳，弃國，與大臣歸漢，漢定趙，為王。卒，子敖嗣。其臣貫高不善，廢為侯。	四 九年四月，武侯張敖元年。	七	六 信平薨，子偃為魯王，國除。集解 徐廣曰：「改封信平。」	十五 元年，以故魯王為南宮侯。 八 十六年，哀侯歐元年。	九 七 中三年，侯生元年。	七 罪，絕。 睢陽 十八 元光三年，封偃孫侯廣元年。 十三 元鼎二年，侯昌元年。太初三年，侯	三

東陽 索隱 縣名，屬臨淮	
高祖六年，為中大夫，以河間守擊陳豨力戰功，侯，千三百戶。	
二 十一年十二月癸巳，武侯張相如元年。	
七	
八	
十五 五 十六年，共侯殷元年。 三 後五年，戴侯安國元年。	
三 四年，哀侯彊元年。 十三	
建元元年，侯彊薨，無後，國除。	昌為太常，乏祠，國除。
百十八	

國名	侯功	高祖十二	孝惠七	高后八	孝文二十三	孝景十六	建元至元封	侯第
開封 索隱 縣名，屬河南	以右司馬漢王五年初從，以中尉擊燕，定代，侯，比共侯，二千戶。	一 十一年十二月丙辰，閔侯陶舍元年。 一 十二年，夷侯青元年。	七	八	二十三	九 景帝時，為丞相。 七 中三年，節侯偃元年。	十 元光五年，侯睢元年。 十八 元鼎五年，侯睢坐酎金，國除。	百十五
沛 索隱 縣名，屬沛郡	高祖兄合陽侯劉仲子，侯。	一 十一年十二月癸巳，侯劉濞元年。 十二年十月辛丑，侯濞為吳王，國除。						
慎陽 索隱 慎陽	為淮陰舍人，告淮陰侯	二 十一年十二	七	八	二十二	十二 四 中六	二十二 建元 元狩	百三十一

，屬汝南。如淳曰：「音震」。闞駰云：「合作『滇陽』，永平五年，失印更刻，遂誤以『水』為『心』。續漢書作『滇陽』也。」	信反，侯，二千戶。	月甲寅，侯欒說元年。索隱 漢表作「欒說」。				年，靖侯願之元年。	元年，侯買之元年。 五年，侯買之坐鑄白金弃市，國除。	
禾成 索隱 漢志闕	以卒漢（三）〔五〕年初從，以郎中擊代，斬陳豨，侯，千九百戶	二 十一年正月己未，孝侯公孫耳元年。索隱 漢表「耳」作「昔」。	七	八	四 五年，懷侯漸元年。 九 十四年，侯漸薨，無後，國除。			百十七
堂陽 索隱 縣名	以中涓從起沛，以郎入	二 十一年正月	七	八 元年，侯德	二十三	十二 中六年，		七十七

國名	侯功	高祖十二	孝惠七	高后八	孝文二十三	孝景十六	建元至元封	侯第
，屬鉅鹿	漢，以將軍擊籍，為惠侯。坐守滎陽降楚免，後復來，以郎擊籍，為上黨守，擊豨，侯，八百戶。	己未，哀侯孫赤元年。		元年。		侯德有罪，國除。		
祝阿 索隱 縣名，屬平原	以客從起齧桑，以上隊將入漢，以將軍定魏太原，破井陘，屬淮陰侯，以缻度軍擊籍及攻豨，侯，八百戶。	二 十一年正月己未，孝侯高邑元年。	七	八	四 十四 五年，侯成元年。後三年，侯成坐事國人過律，國除。			七十四
長脩 索隱 縣名	以漢二年用御史初從出	二 十一年正月	二 五 三年，懷	八	四 十九 五年，侯	八 罪絕。 陽平 五 中五	三十三 元封	百八

，屬河東	江邑 索隱 漢志闕
關，以內史擊諸侯，功比須昌侯，以廷尉死事，千九百戶。	以漢五年為御史，用奇計徙御史大夫周昌為趙相而（伐）
丙辰，平侯杜恬元年。集解 一云「杜恪」。索隱 案位次曰「信平侯」。	二 十一年正月辛未，侯趙堯元年。
侯中元年。	七
	元年，侯堯有罪，國除。
喜元年。	
年，復封；侯相夫元年。	
四年，侯相夫坐為太常與樂令無可當鄭舞人擅繇不如令，闌出函谷關，國除。	

國名	侯功	高祖十二	孝惠七	高后八	孝文二十三	孝景十六	建元至元封	侯第
	〔代之，從擊〕陳豨，功侯，六百戶。							
營陵 索隱 縣名，屬北海	以〔漢〕三年為郎中，擊項羽，以將軍擊陳豨，得王黃，為侯。與高祖疏屬劉氏，世為衞尉。萬二千戶。	二 十一年，侯劉澤元年。	七	五 六年，侯澤為琅邪王，國除。				八十八
土軍 索隱 包愷云：「地理志，西河有土軍縣。」	高祖六年為中地守，以廷尉擊陳豨，侯，千二百戶。就國，後為燕相。	二 十一年二月丁亥，武侯宣義元年。索隱 案位次曰「信成侯」也。	五 二 六年，孝侯莫如元年。	八	二十三	二 十四 三年，康侯平元年。	五 建元六年，侯生元年。 八 元朔二年，生坐與人妻姦罪	百二十二

	廣河 索隱 縣名，屬鉅鹿	須昌 索隱 縣名，屬東郡
	以客從起沛，為御史，守豐二歲，擊籍，為上黨守，陳豨反，堅守，侯，千八百戶。後遷御史大夫。	以謁者漢王元年初起漢中，雍軍塞陳，謁上，上計欲還，衍言從他道，道通，後為河閒守，
	二 十一年二月丁亥，懿侯任敖元年。	二 十一年二月己酉，貞侯趙衍元年。
	七	七
	八	八
	二 一 三年，夷侯竟元年。 二十 四年，敬侯但元年。	十五 四 十六年，戴侯福 四 後四年，侯不害
	十六	四 五年，侯不害有罪，國除。
，國除。	四 建元五年，侯越元年。 二十一 元鼎二年，侯越坐為太常廟酒酸，不敬，國除。	
	八十九	百七

國名	侯功	高祖十二	孝惠七	高后八	孝文二十三	孝景十六	建元至元封	侯第
	陳豨反，誅都尉相如，功侯，千四百戶。				元年。 元年。			
臨轅 索隱 漢志闕。	初起從為郎，以都尉守蘄城，以中尉侯，五百戶。	二 十一年二月乙酉，堅侯戚鰓元年。	四 三 五年，夷侯觸龍元年。	八	二十三	三 十三 四年，共侯忠元年。	三 二十五 建元四年，侯賢元年。 元鼎五年，侯賢坐酎金，國除。	百十六
汲 索隱 漢表作「伋」。伋與汲並縣名，屬河內。	高祖六年為太僕，擊代豨，有功，侯，千二百戶。為趙太傅。	二 十一年二月己巳，終侯公上不害元年 索隱 公上，姓；不害，名也。	一 六 二年，夷侯武元年。	八	十三 十 十四年，康侯通元年。	十六	一 九 元 建元二年，侯廣德 元光五年，廣德坐妻	百二十三

寧陵 索隱 縣名，屬陳留	
以舍人從陳留，以郎入漢，破曹咎成皋，為上解隨馬，（以）都尉擊	
二　十一年二月辛亥，夷侯呂臣元年。	
七	
八	
十　十三　十一年，戴侯射元年。	
三　四年，惠侯始元年。　一　五年，侯始薨，無後，	
	元年。 精大逆罪，頗連廣德，棄市，國除。
七十三	

國名	侯功	高祖十二	孝惠七	高后八	孝文二十三	孝景十六	建元至元封	侯第
	陳，功侯，千戶。					國除。		
汾陽 索隱 縣名，屬太原	以郎中騎千人前二年從起碭夏，擊項羽，以中尉破鍾離眛，功侯。	二 十一年二月辛亥，侯靳彊元年。 索隱 壯侯靳強。	七	二 六 三年，共侯解元年。	二十三	四 十二 五年，康侯胡元年。絕。	江鄒 十九 元鼎五年，侯石元年。 太始四年五月丁卯，侯石坐為太常，行太僕事，治嗇夫可年，益縱年，國除。	九十六

戴　索隱　戴，地名，音再。應劭云：「章帝改曰考城，在故留縣也。」	衍　索隱　漢志
以卒從起沛，以卒開沛城門，為太公僕；以中〔厩〕令擊豨，侯，千二百戶。	以漢二年為燕令，以都
二　十一年三月癸酉，敬侯彭祖元年。　索隱　戴敬侯秋彭祖，漢表作「秘」，音轡；又韋昭音符蔑反。今檢史記諸本並作「秋」。今見有姓秋氏。	二　十一年七月
七	七
二 六　三年，共侯悼元年。	三 二　四 三　六
七 十六　八年，夷侯安國元年。	二十三
十六	十六
十六　元朔五年，侯安期元年。 十二　元鼎五年，侯蒙元年。 二十五　後元元年五月甲戌，坐祝詛，無道，國除。	二　建元 十　元朔
百二十六	百三十

國名	侯功	高祖十二	孝惠七	高后八	孝文二十三	孝景十六	建元至元封	侯第
闕	尉下楚九城，堅守燕，侯，九百戶。	乙巳，簡侯翟盱（索隱 沉于反。）元年。		年，祇侯山元年。 年，節侯嘉元年。			三年，侯不疑元年。 元年，不疑坐挾詔書論罪，國除。	
平州（索隱 漢志闕。晉書地道記屬巴郡）	漢王四年，以燕相從擊籍，還擊荼，以故二千石將列為列侯，千戶。	二 十一年八月甲辰，共侯昭涉掉尾元年。（索隱 昭涉，姓；掉尾，名也。）	七	八	一 三 四 十五 二年，戴侯福元年。 五年，懷侯它人元年。 九年，孝侯馬童元年。	十四 二 後二年，侯昧元年。	三十三 元狩五年，侯昧坐行馳道更呵馳去罪，國除。	百十一
中牟（索隱 縣名）	以卒從起沛，入漢以郎	一 十二年十月	七	八	七 五 十一 八 十	十六	十 十八 元光 元鼎	百二十五

，屬河南	邔 集解 漢書音義曰：「音巨己反」。索隱 邔，縣名，屬南郡。漢書音義音其己反。周成雜字解詁云：「邔音距」。
中擊布，功侯，二千三百戶。始高祖微時，有急，給高祖一馬，故得侯。	以故羣盜長〔為〕臨江將，已而為漢擊臨江王及諸侯，破布，功侯，千戶。
乙未，共侯**單父聖**元年。索隱 漢表作「單父左車」。	十二年十月戊戌，**莊侯黃極中**元年。
	七
	八
年，敬侯繪元年。 三年，戴侯終根元年。	十一 九 十二年，慶侯榮盛元年。 三 後五年，共侯明元年。
	十六
五年，侯舜元年。 五年，侯舜坐酎金，國除。	十六 元朔五年，侯遂元年。 八 元鼎元年，遂坐賣宅縣官故貴，國除。
	百十三

國名	侯功	高祖十二	孝惠七	高后八	孝文二十三	孝景十六	建元至元封	侯第
博陽 索隱 縣名，屬彭城	以卒從起豐，以隊卒入漢，擊籍成皋，有功，為將軍，布反，定吳郡，侯，千四百戶。	一 十二年十（二）月辛丑，節侯周聚元年。	七	八	八 九年，侯遬元年。 十五	十一 中五年，侯遬奪爵一級，國除。		五十三
陽義 集解 徐廣曰：「一作『羨』。」 索隱 漢表「義」作「羨」也。陽羨，縣屬丹陽	以荊令尹漢王五年初從，擊鍾離眜及陳公利幾，破之，徙為漢大夫，從至陳，取韓信，還為中尉，從擊布，功侯，二千戶。	一 十二年十月壬寅，定侯靈常元年。	七	六 二 七年，共侯賀元年。	六 七年，哀侯勝元年。 十二年，侯勝薨，無後，國除。 六			百十九
下相 索隱 縣名	以客從起沛，用兵從擊	一 十二年十月	七	八	二 三年侯慎 二十一	二 三年三月		八十五

，屬臨淮	破齊田解軍，以楚丞相堅守彭城，距布軍，功侯，二千戶。	（乙）〔己〕酉，**莊侯冷耳**元年。			元年。	，侯慎反，國除。		
德 索隱 漢志闕；表在濟南。	以代頃王子侯。頃王，吳王濞父也；廣，濞之弟也。	一 十二年十一月庚辰，**哀侯劉廣**元年。	七	二 三年，頃侯通元年。 六	二十三	五 六年，侯齕元年。 十一	二十七 元鼎四年，侯何元年。 一 元鼎五年，侯何坐酎金，國除。	百二十七
高陵 索隱 高陵，縣，志屬琅邪也。	以騎司馬漢王元年從起廢丘，以都尉破田橫、龍且，追籍至東城，以將軍擊布，九百戶。	一 十二年十（二）〔三〕月丁亥，**圉侯王周**元年。索隱 漢表作「王虞人」。	七	二 三年，惠侯幷弓元年。 六	十二 十三年，侯行元年。 十一	二 三年，反，國除。		九十二

國名	侯功	高祖十二	孝惠七	高后八	孝文二十三	孝景十六	建元至元封	侯第
期思 索隱 縣名，屬汝南	淮南王布中大夫，有郄，上書告布反，侯，二千戶。布盡殺其宗族。	一 十二年十二月癸卯，康侯賁赫元年 索隱 賁，姓。音肥，又如字。	七	八	十三 十四年，赫薨，無後，國除。			百三十二
穀陵 索隱 漢志闕	以卒從，前二年起柘，擊籍，定代，為將軍，功侯。	一 十二年正月乙丑，定侯馮谿元年。索隱 表作「馮谿」。	七	八	六 十七 七年，共侯熊元年。	二 二 十二 三年，隱侯印元年。 五年，獻侯解元年。	三 建元四年，侯偃元年。	百五
戚 索隱 漢志闕。	以都尉漢二年初起櫟陽，攻廢丘，	一 十二年十二月癸卯圉侯	七	八	三 二十 四年，齊侯班元年	十六	二 二十 建元三年 元狩五年	九十

晉地道記屬東海。	壯　集解 徐廣曰：「一作『莊』。」 索隱 徐廣云一作「莊」。漢表作「嚴」。
破之，因擊項籍，別屬(丞)韓信破齊軍，攻臧荼，遷為將軍，擊信，侯，(合)千戶。	以楚將漢王三年降，起臨濟，以郎中擊籍、陳豨，功侯，六百戶。
季必元年。 索隱 案：灌嬰傳，重泉人；作「李」，誤也。	一　十二年正月乙丑，敬侯許倩元年。 索隱 壯敬侯許猜。猜音偲。
	七
	八
。	二十三
	十五　二年，共侯恢元年。
，侯信成元年。 ，侯信成坐為太常，縱丞相侵神道壖，不敬，國除。	一　建元二年，殤侯則 九　元光五年，侯廣宗 十五　元鼎元年，侯廣宗坐
	百十二

國名	侯功	高祖十二	孝惠七	高后八	孝文二十三	孝景十六	建元至元封	侯第
							元年。 元年。 酎金，國除。	
成陽 索隱 縣名，屬汝南	以魏郎漢王二年從起陽武，擊籍，屬魏豹，豹反，屬相國彭越，以太原尉定代，侯，六百戶。	一 十二年正月乙酉，定侯意 索隱 成陽定侯奚意。 元年。	七	八	十 十三 十一年，侯信元年。	十六	建元元年，侯信罪鬼薪，國除。	百一十
桃 索隱 縣名，屬信都	以客從漢王二年從起定陶，以大謁者擊布，侯，千戶。為淮陰守。項氏親也，賜姓。	一 十二年（二）〔三〕月丁巳，安侯劉襄元年。	七	一 奪，絕。 七 二年，復封襄。	九 十四 十年，哀侯舍元年。	十六 景帝時，為丞相。	十三 建元元年，厲侯 十五 元朔二年，侯自 元鼎五年，侯自	百三十五

國名	侯功	高祖十二	孝惠七	高后八	孝文二十三	孝景十六	建元至元封六年三十六	侯第
							申元年。 為元年。 為坐酎金，國除。	
高梁 索隱 漢志闕	食其，兵起以客從擊破秦，以列侯入漢，還定諸侯，常使約和諸侯列卒兵聚，侯，功比平侯嘉；以死事，子疥襲食其功侯，九百戶。	一 十二年三月丙寅，共侯酈疥元年。	七	八	二十三	十六	八 元光三年，侯勃元年。 十 元狩元年，坐詐詔衡山王取金，當死，病死，國除。	六十六
紀 （信） 索隱 漢志闕	以中涓從起豐，以騎將入漢，以將軍擊籍，後	一 十二年六月壬辰，匡侯陳倉元年。	七	二 六 三年，夷侯開	十七 六 後二年，（六月）侯陽元年。	二 三年，陽反，國除。		八十

國名	侯功	高祖十二	孝惠七	高后八	孝文二十三	孝景十六	建元至元封	侯第
	攻盧綰，侯，七百戶。			元年。				
甘泉 集解 徐廣曰：「一作『景』。」索隱 案：志甘泉闕，疑甘泉是甘水。漢表作「景侯」也。	以車司馬漢王元年初從起高陵，屬劉賈，以都尉從軍，侯。	一 十二年六月壬辰，侯王竟元年。索隱 壯侯王競。	六 一 七年，戴侯莫搖元年。	八	十 十三 十一年，侯嫖元年。索隱 匹妙反。漢書作「嬹」，許孕反。說文：「嬹，悅也。」	九 十年，侯嫖有罪，國除。		百六
煮棗 索隱 徐廣云：「在宛句。」	以越連敖從起豐，別以郎將入漢，擊諸侯，以都尉侯，九百戶。	一 十二年六月壬辰，靖侯赤元年。索隱 煮棗端侯棘朱。漢表作「端	七	八	一 二十二 二年，赤子康侯武元年。	八 二 中二年，侯昌元年。中四年，有罪，國除。		七十五

		侯革朱」，革音棘，亦作「朿」，誤也。棘，姓，蓋子成之後也。元年。						
張　索隱　縣名，屬廣平。	以中涓騎從起豐，以郎將入漢，從擊諸侯，七百戶。	一　十二年六月壬辰，節侯毛澤元年。索隱　毛澤之，亦作「釋之」也。	七	八	十　二　十一　十一年，夷侯慶元年。十三年，侯舜元年。	十二　中六年，侯舜有罪，國除。		七十九
鄢陵　索隱　縣名，屬潁川。	以卒從起豐，入漢，以都尉擊籍、	一　十二年中，莊侯朱濞元	七	三　五　四年，恭	六　七年，恭侯慶蒐，			五十二

國名	侯功	高祖十二	孝惠七	高后八	孝文二十三	孝景十六	建元至元封	侯第
	荼，侯，七百戶。	年。		侯慶元年。	無後，國除。			
菌 集解 徐廣曰：「一作『鹵』。」索隱 漢志闕，菌音求隕反。徐作「鹵」，音魯。又作「齒」。	以中涓前元年從起單父，不入關，以擊籍、布、燕王綰，得南陽，侯，二千七百戶。	一 十二年，（六月）莊侯張平元年。	七	四 四 五年，侯勝元年。	三 四年，侯勝有罪，國除。			四十八

卷十九　惠景間侯者年表第七

太史公讀列封至便侯㈠，曰：有以也夫！長沙王者，著令甲，稱其忠焉㈡。昔高祖定天下，功臣非同姓疆土而王者八國㈢。至孝惠時，唯獨長沙全，禪五世㈣，以無嗣絕，竟無過，為藩守職，信矣。故其澤流枝庶，毋功而侯者數人。及孝惠訖孝景閒五十載，追修高祖時遺功臣，及從代來，吳楚之勞，諸侯子弟若肺腑㈤，外國歸義，封者九十有餘。咸表始終，當世仁義成功之著者也。

【註】㈠便：縣名，故城在今湖南永興縣治。㈡令甲：漢祖以吳芮至忠，故特封為王，但漢家又有約：「非劉氏不得王」，今封芮為王，於約不合，故著為特別法令。㈢漢初，異姓而王者，有八國，如：吳芮、英布、張耳、臧荼、韓王信、彭越、盧綰、韓信也。又有一解，謂異姓八王：齊王韓信，韓王信，燕王盧綰，梁王彭越，趙王張耳，淮南王英布，臨江王共敖，長沙王吳芮，是也。㈣禪：傳襲也。㈤言天子視諸侯之子弟如肺腑然，言其親愛也。

惠景間侯者年表

國名	侯功	孝惠七	高后八	孝文二十三	孝景十六	建元至元封六年三十六	太初已後
便　索隱　漢志縣名，屬桂陽。音鞭。	長沙王子，侯，二千戶。	七　元年九月，頃侯吳淺元年。	八	二十二　一　後七年，恭侯信元年。	五　十一　前六年，侯廣志元年。	二十八　元鼎五年，侯千秋坐酎金，國除。	
軑　集解　音大。索隱　軑音大，縣名，在江夏也。	長沙相，侯，七百戶。	六　二年四月庚子，侯利倉元年。索隱　漢書作「軑侯朱倉」，故長沙相。	二　六　三年，侯豨元年。	十五　八　十六年，侯彭祖元年。	十六	三十　元封元年，侯秩為東海太守，行過，不	

						請擅發卒為衛兵，當斬，會赦，國除。	
平都 索隱 縣名，屬東海。	以齊將，高祖三年降，定齊，侯，千戶。	三 五年六月乙亥，孝侯劉到元年。索隱 故齊將。已上孝惠時三人也。	八	二 二十一 三年，侯成元年。	十四 後二年，侯成有罪，國除。		
右孝惠時三							
扶柳 索隱 縣名，屬信都。	高后姊長姁子，侯。		七 元年四月庚寅，侯平元年。 八年，侯平坐				

			呂侯，呂平元年。 呂氏事誅，國除。				
郊 索隱 一作「洨」縣名，屬沛郡。	呂后兄悼武王身佐高祖定天下，呂氏佐高祖治天下，天下大安，封武王少子產為郊侯。		五 元年四月辛卯，侯呂產元年。 六年七月壬辰，產為呂王，國除。 八年，九月，產以呂王為漢相，謀為不善。大臣誅產，遂滅諸呂。				
南宮 索隱 縣	以父越人為高祖騎將，從軍		七 元年 八年				

名，屬信都。	，以大中大夫侯。		四月丙寅，侯張買元年。 ，侯買坐呂氏事誅，國除。				
梧　索隱　縣名，屬彭城。	以軍匠從起郟，入漢，後為少府，作長樂、未央宮，築長安城，先就，功侯，五百戶。		六　元年四月乙酉，齊侯陽成延元年。 二　七年，敬侯去疾元年。	二十三	九 七　中三年，靖侯偃元年。	八　元光三年，侯戎奴元年。 十四　元狩五年，侯戎奴坐謀殺季父弃市，國除。	
平定　索隱　漢志闕。或鄉名。	以卒從高祖起留，以家車吏入漢，以梟騎都尉擊項籍，得樓煩將功，		八　元年四月乙酉，敬侯齊受元年。	一 四　二年，齊， 十八　六年，恭，	十六	七　元光二年 十八　元鼎二年 二　元鼎四年	

	博成 索隱　漢志闕。
用齊丞相侯。一云項涓。	以悼武王郎中，兵初起，從高祖起豐，攻雍丘，擊項籍，力戰，奉衛悼武王出滎陽，功侯。
	三　元年四月乙酉，敬侯馮無擇 四　四年，侯代元年。 八年，侯代坐呂氏事誅，國
侯市人元年。 侯應元年。	
，康侯延居元年。 ，侯昌元年。 ，侯昌有罪，國除。	

	沛 索隱 縣名，屬沛郡。	襄成 索隱 縣名，屬潁川。
	呂后兄康侯少子，侯，奉呂宣王寢園。	孝惠子，侯。
元年。 除。	七 元年四月乙酉，侯呂種元年。 一 為不其侯。 八年，侯種坐呂氏事誅，國除。	一 元年四月辛卯 二年，侯義為

國名	侯功						
			，侯義元年。　常山王，國除。				
軹　索隱　縣名，屬河內。	孝惠子，侯。		三　元年四月辛卯，侯朝元年。　四年，侯朝為常山王，國除。				
壺關　索隱　縣名，屬河內。	孝惠子，侯。		四　元年四月辛卯，侯武元年。　五年，侯武為淮陽王，國除。				
沅陵　索隱　沅	長沙嗣成王子，侯。		八　元年十一月壬	十七　六　後二	十一　四　中　後		

1	2	3	4	5	6	7	8
陵，縣，近長沙，漢志屬武陵。			申，頃侯吳陽元年。	年，頃侯福元年。	五年，哀侯周元年。三年，侯周薨，無後，國除。		
上邳	楚元王子，侯。		七　二年五月丙申，侯劉郢客元年。	一　二年，侯郢客為楚王，國除。			
朱虛 索隱縣名，屬琅邪。	齊悼惠王子，侯。		七　二年五月丙申，侯劉章元年。	一　二年，侯章為城陽王，國除。			

國名	侯功						
昌平 索隱 縣名，屬上谷。	孝惠子，侯。索隱 實呂氏也。		三 四年二月癸未，侯太元年。 七年，太為呂王，國除。				
贅其 索隱 縣名，屬臨淮。	呂后昆弟子，用淮陽丞相侯。		四 四年四月丙申，侯呂勝元年。 八年，侯勝坐呂氏事誅，國除。				
中邑 索隱 漢志闕。	以執矛從高祖入漢，以中尉破曹咎，用呂相侯，六百戶。		四年四月丙申，(真)〔貞〕侯朱通元年。 五	十七 六 後二年，侯悼元年。	十五 後三年，侯悼有罪，國除。		

樂平 索隱 漢志闕。	以隊卒從高祖起沛，屬皇訢，以郎擊陳餘，用衛尉侯，六百戶。		二 四年四月丙申，簡侯衛無擇元年。 三 六年，恭侯勝元年。	二十三	十五 一 後三年，侯侈元年。	五 建元六年，侯侈坐以買田宅不法，又請求吏罪，國除。	
山都 索隱 漢志闕。	高祖五年為郎中柱下令，以衛將軍擊陳豨，用梁相侯。		五 四年四月丙申，貞侯王恬開元年。	三 二十 四年，惠侯中黃元年。	三 十三 四年，敬侯觸龍元年。	二十二 元狩五年，侯當元年。 八 元封元年，侯當坐與奴闌入上林苑，國除。	
松茲 集解 徐	兵初起，以舍人從起沛，以		五 四年四月丙申	六 十七 七年	十二 四 中六	五 建元六年，	

廣曰：「松，一作『祝』。」索隱　漢表作「祝」，縣名，屬廬江。	郎(吏)〔中〕入漢，還，得雍王邯家屬功，用常山丞相侯。		，夷侯徐厲元年。	，康侯悼元年。	年，侯偃元年。	侯偃有罪，國除。	
成陶　集解　徐廣曰：「一作『陰』。」索隱　漢表作「成陰」也，漢志闕。	以卒從高祖起單父，為呂氏舍人，度呂(氏)〔后〕淮之功，用河南守侯，五百戶。		五　四年四月丙申，夷侯周信元年。	十一　十二年，孝侯勃元年。　三　十五年，侯勃有罪，國除。			
俞　集解　如淳曰：「	以連敖從高祖破秦，入漢，以都尉定諸侯		四　四年四月　八年，侯				

音輸」。索隱 俞音輸。俞縣屬清河也。	滕 索隱 勝侯。一作「滕」。劉氏云作「勝」，恐誤。今案：滕縣屬沛郡，「勝」未聞。
，功比朝陽侯。嬰死，子它襲功，用太中大夫侯。	以舍人、郎中，十二歲，以都尉屯田覇上，用楚相侯。
丙申，侯呂它元年。索隱 呂他，他音馳，呂嬰子也。 它坐呂氏事誅，國除。	四 四年四月丙申，侯呂更始元年。索隱 更始，呂氏之族。 八年，侯更始坐呂氏事誅，國除。

醴陵 索隱　縣名，今在長沙。	以卒從，漢王二年初起櫟陽，以卒吏擊項籍，為河內都尉，（用）長沙相侯，六百戶。		五 四年四月丙申，侯越元年。	三 四年，侯越有罪，國除。			
呂成	呂后昆弟子，侯。		四 四年四月丙申，侯呂忿元年。 八年，侯忿坐呂氏事誅，國除。				
東牟 索隱　縣名，屬東萊。	齊悼惠王子，侯。		三 六年四月丁酉，侯劉興居元年。	一 二年，侯興居為濟北王，國除。			

鍾 集解 一作「鉅」。索隱 縣名，屬東萊。	呂肅王子，侯。		二 六年四月丁酉，侯呂通索隱 呂后兄子。元年。八年，侯通為燕王，坐呂氏事，國除。				
信都 索隱 縣名，屬信都。	以張敖、魯元太后子侯。		一 八年四月丁酉，侯張侈索隱 敖子，以魯元公主封。元年。	元年，侯侈有罪，國除。			
樂昌	以張敖、魯元太后子侯。		一 八年四月丁酉，侯張受元年。	元年，侯受有罪，國除。			

祝茲 索隱 漢書作「琅邪」。	呂后昆弟子，侯。		八年四月丁酉，侯呂榮元年。坐呂氏事誅，國除。			
建陵 索隱 漢表作「東海」。	以大謁者侯，宦者，多奇計。		八年四月丁酉，侯張澤元年。索隱 一名釋。九月，奪侯，國除。			
東平 集解 徐廣曰：「一作『康』。」索隱 縣名，在東平。	以燕王呂通弟侯。		八年五月丙辰，侯呂莊元年。坐呂氏事誅，國除。			

右高后時三十一

陽信 索隱 表在新野志屬勃海，恐有二縣。	軹 索隱 縣名，屬河內也。
高祖十二年為郎。以典客奪趙王呂祿印，關殿門拒呂產等入，共尊立孝文，侯，二千戶。	高祖十年為郎，從軍，十七歲為太中大夫，迎孝文代，用車騎將軍迎太后，侯，萬戶。薄太后弟。
十四 元年三月辛丑，侯劉揭。索隱 陽信夷侯劉揭。元年。 九 十五年，侯中意元年。	十 元年四月乙巳，侯薄昭元年。 十三 十一年易侯戎奴元年。
五 六年，侯中意有罪，國除。	十六
	一 建元二年，侯梁元年。

壯武 索隱 縣名，屬膠東。	以家吏從高祖起山東，以都尉從(之)〔守〕滎陽，食邑，以代中尉勸代王入，驂乘至代邸，王卒為帝，功侯，千四百戶。			二十三 元年四月辛亥，侯宋昌元年。	十一 中四年，侯昌奪侯，國除。		
清都 集解 徐廣曰：「一作『鄡』，音苦堯反。」 索隱 清郭侯駟鈞。齊封田嬰為清郭君。漢表「鄡侯駟鈞」，鄡	以齊哀王舅父侯。索隱 舅父即舅也，猶姨曰姨母然。			五 元年四月辛未，侯駟鈞元年。 前六年，鈞有罪，國除。			

國名	侯功	孝惠七	高后八	孝文二十三	孝景十六	建元至元封六年三十六	太初已後
，太原齊縣。							
周陽 索隱 縣名，屬上郡。	以淮南厲王舅父侯。			五 元年四月辛未，侯趙兼元年。 前六年，兼有罪，國除。			
樊 索隱 縣名，屬東平。	以睢陽令〔從〕高祖初起〔從〕阿，以韓家子還定北地，用常山相侯，千二百戶。			十四 元年六月丙寅，侯蔡兼元年。 九 十五年，康侯客元年。集解 徐廣曰：「客，一作『容』。」	九 七 中三年，恭侯平元年。	十二 元朔二年，侯辟方元年。 十四 元鼎四年，侯辟方有罪，國除。	

管 索隱 管，古國，今為縣，屬滎陽。	齊悼惠王子，侯。			二 四年五月甲寅，恭侯劉罷軍元年。索隱 共侯劉罷軍。 十八 六年，侯戎奴元年。	二 三年，侯戎奴反，國除。
瓜丘 索隱 斥丘。縣，在魏郡。	齊悼惠王子。			十一 四年五月甲寅，侯劉寧國元年。 九 十五年，侯偃元年。	二 三年，侯偃反，國除。
營 索隱 表在濟南。	齊悼惠王子，侯。			十 四年 十 十四	二 三年，侯廣

	楊虛
	齊悼惠王子，侯。
五月甲寅，平侯劉信都元年。 年，侯廣元年。	十二 四年五月甲寅，侯劉將廬元年。索隱楊虛共侯劉將廬。漢書作「將閭」 十六年，侯將廬為齊王，有罪，國除。
反，國除。	

	朸 集解 音力。索隱 縣名，屬平原，音力。	安都 索隱 漢志闕。
	齊悼惠王子，侯。	齊悼惠王子，侯。
，齊悼惠王子，襲封，王子也。	十二 四年五月甲寅，侯劉辟光元年。 十六年，侯辟光為濟南王，國除。	十二 四年五月甲寅，侯劉志元年。 十六年，侯志為濟北王，國除。

平昌 索隱 縣名，屬平原。	齊悼惠王子，侯。			十二 四年五月甲寅，侯劉卬元年。 十六年，侯卬為膠西王，國除。			
武城 索隱 漢志闕。凡闕者，或鄉名，或尋廢，故志不載。	齊悼惠王子，侯。			十二 四年五月甲寅，侯劉賢元年。 十六年，侯賢為菑川王，國除。			
白石 索隱 縣名，屬金城。	齊悼惠王子，侯。			十二 四年五月甲寅，侯劉雄 十六年，侯雄渠為膠東			

				渠元年。 王，國除。			
波陵 索隱漢志作「流」，音泜。	以陽陵君侯。			五 七年三月甲寅，康侯魏駟元年。 十二年，康侯魏駟薨，無後，國除。			
南鄭 集解徐廣曰：「一作『朝』。」索隱韋昭音貞」，音程。李彤云：	以信平君侯。			一 七年三月丙寅，侯起元年。索隱起，名也，史 孝文時坐後父故奪爵級，關內侯。			

「河南有郞亭。」音頳。				失其姓。			
阜陵　索隱　縣名，屬九江。	以淮南厲王子侯。			八 八年五月丙午，侯劉安元年。 十六年，安為淮南王，國除。			
安陽　索隱　安陵。縣名，屬馮翊，恐別有「安陵」。	以淮南厲王子侯。			八 八年五月丙午，侯勃元年。 十六年，侯勃為衡山王，國除。			
陽周	以淮南厲王子侯。			八 八年 十六			

	東城 索隱 縣名，屬九江。	犂 索隱 縣名，屬東郡。
	以淮南厲王子侯。	以齊相召平子侯，千四百一十戶。
五月丙午，侯劉賜元年。 年，侯賜為廬江王，國除。	七 八年五月丙午，哀侯劉良元年。 十五年，侯良薨，無後，國除。	十一 十年四月癸丑，頃侯召奴元年。 三 後五年，侯澤元年。
		十六
		十六 元朔五年，侯延元年。 十九 元封六年，侯延坐不出持馬，斬，

國名	侯功	孝惠七	高后八	孝文二十三	孝景十六	建元至元封六年三十六	太初已後
						，國除。	
缾　索隱　縣名，屬琅邪。缾音瓶。	以北地都尉孫卬，匈奴入北地，力戰死事，子侯。			十　十四年三月丁巳，侯孫單元年。	二　前三年，侯單謀反，國除。		
弓高　索隱　漢表在營陵。	以匈奴相國降，故韓王信孽子，侯，千二百三十七戶。			八　十六年六月丙子，莊侯韓穨當元年。	十六　前元年，侯則元年。	十六　元朔五年，侯則薨，無後，國除。	
襄成　索隱　襄城，志屬潁川。	以匈奴相國降侯，故韓王信太子之子，侯，千四百三十二戶。			七　十六年六月丙子，哀侯韓嬰元年。 一　後七年，侯澤之元年。	十六	十五　元朔四年，侯澤之坐詐病不從，不敬，國除。	

國名	侯功				孝文	孝景	建元至元封	
故安 索隱 縣名，屬涿郡。	孝文元年，舉淮陽守從高祖入漢功侯，食邑五百戶：用丞相侯，一千七百一十二戶。				五 後三年四月丁巳，節侯申屠嘉元年。	二 前三年，恭侯蔑元年。 十四	十九 元狩二年，清安侯臾元年。 五 元鼎元年，臾坐為九江太守有罪，國除。	
章武 索隱 縣名，屬勃海。	以孝文后弟侯，萬一千八百六十九戶。				一 後七年六月乙卯，景侯竇廣國元年。	六 前七年，恭侯完元年。 十	八 元光三年，侯常坐元年。 十 元狩元年，侯常坐謀殺人未殺罪，國除。	
南皮 索隱 縣	以孝文后兄竇長君子侯，六				一 後七年六月乙	十六	五 建 五 元 十八 元	

名，屬勃海。

千四百六十戶。

卯，侯竇彭祖元年。

元六年，夷侯良元年。

光五年，侯桑林元年。

鼎五年，侯桑林坐酎金罪，國除。

右孝文時二十九

平陸 索隱 縣名，屬西河。又有東平陸，在東平。

楚元王子，侯，三千二百六十七戶。

二

元年四月乙巳 集解

三年，侯禮為楚王

	休
	楚元王子，侯。
一云「乙卯」。侯劉禮元年。 ，國除。	二　元年四月乙巳，侯富元年。 三年，侯富以兄子戎為楚王反，富與家屬至長安北闕自歸，不能

沈猶　索隱　漢表在高苑。	
楚元王子，侯，千三百八十戶。	
十六　元年四月乙巳，夷侯劉穢元年。	教上綬詔王後平侯楚，封為侯相，印。復。以陸為王更富紅侯。
四　建元五年，侯受元年。 十八　元狩五年，侯受坐故為宗正聽謁	

紅（索隱 紅，休，蓋二鄉名。王莽封劉歆為紅休侯。一云紅即虹縣也。）

楚元王子，侯千七百五十戶。

四 三年四月乙巳，莊侯富元年。（索隱 紅雅）

一 前七年，悼侯澄元年。

九 中元年，敬侯發元年。（集解 發，一作「嘉」。）

十五 元朔四年，侯章元年。

一 元朔五年，侯章薨，無後，國除。

不具宗室，不敬，國除。

侯劉富，一云禮侯也，楚元王子。案王傳，休侯富免後封紅侯，此則並列，誤也。漢表一書而已。

宛朐	魏其
宛朐 索隱 冤朐，縣名，屬濟陰。	魏其 索隱 縣名，屬琅邪。
楚元王子，侯。	以大將軍屯滎陽，扞吳楚七國，侯，三千三百五十戶。
二 元年四月乙巳，侯劉埶元年。索隱 蕭該埶音藝。 三年，侯埶反，國除。	十四 三年六月乙巳，侯竇嬰元年。
	九 建元元年為丞相，二歲免。 元光四年，侯嬰坐爭灌夫事，上書稱為先帝詔，

	棘樂	俞 索隱 俞音輸，縣
	楚元王子，侯，戶千二百一十三。	以將軍吳楚反時擊齊有功。布故彭越舍人
	十四 三年八月壬子，敬侯劉調元年。	六 六年四月 中五年，
矯制害，弃市，國除。	一 建元二年，恭侯應元年。 十二 元朔元年，侯慶元年。 十六 元鼎五年，侯慶坐酎金，國除。	十 元狩六年，侯賁坐為太常廟

名，屬清河。	，越反時布使齊，還已梟越，布祭哭之，當亨，出忠言，高祖舍之。黥布反，布為都尉，侯，戶千八百。				丁卯，侯欒布元年。　侯布薨。	犧牲不如令，有罪，國除。集解 一云元朔二年，侯賁元年。	
建陵	以將軍擊吳楚功，用中尉侯，戶一千三百一十。				十二 六年四月丁卯，敬侯衛綰元年。	十 元光五年，侯信元年。　十八 元鼎五年，侯信坐酎金，國除。	
建平 索隱 縣名，屬沛郡。	以將軍擊吳楚功，用江都相侯，戶三千一百五十。				十二 六年四月丁卯，哀侯程嘉元年。	七 元光二年，　一 元光三年，　一 元光四年，	

	平曲　索隱案：漢表在高城。
	以將軍擊吳楚功，用隴西太守侯，戶三千二百二十。
	五 六年四月己巳，侯公孫昆索隱漢書作「渾」。邪元年。 中四年，侯昆邪有罪，國除。太僕賀父。
節侯橫元年。 侯回元年。 侯回薨，無後，國除。	

江陽 索隱 縣，在東海也。	以將軍擊吳楚功，用趙相侯，戶二千五百四十一。				四 六年四月壬申，康侯蘇嘉元年。集解 徐廣曰：「蘇一作『藉』。」索隱 漢表作「蘇息」。 七 中三年，懿侯盧元年。集解 徐廣曰：「一作『哀侯』。」	二 建元三年，侯明元年。 十六 元朔六年，侯雕元年。 十一 元鼎五年，侯雕坐酎金，國除。	
遽 索隱 案漢表，鄉名，在常山。	以趙相建德，王遂反，建德不聽，死事，子侯，戶千九百七十。				六 中二年四月乙 後二年，侯橫		

	新市 索隱 縣名，屬鉅鹿。	商陵 索隱 漢表在臨淮。
	以趙內史王慎，王遂反，慎不聽，死事，子侯，戶一千十四。	以楚太傅趙夷吾，王戊反，不聽，死事，子侯，千四十五戶。
已，侯橫索隱 史失其姓。元年。 有罪，國除。	五 中二年四月乙已，侯王康元年。 三 後元年，殤侯始昌元年。	八 中二年四月乙已，侯趙周元年。
	九 元光四年，殤侯始昌為人所殺，國除。	二十九 元鼎五年，侯周坐為丞相知列侯酎金輕，下廷尉，自殺，國除。

國名	侯功						
山陽	以楚相張尚，王戊反，尚不聽，死事，子侯，戶千一百一十四。				八 中二年四月乙巳，侯張當居元年。	十六 元朔五年，侯當居坐為太常程博士弟子故不以實罪，國除。集解徐廣曰：「程，一作『澤』。」	
安陵	以匈奴王降侯，戶一千五百一十七。				七 中三年十一月庚子，侯子軍元年。	五 建元六年，侯子軍薨，無後，國除。	
垣 索隱縣名，屬河東。	以匈奴王降侯。				三 中三年十二月丁丑，侯賜元年。 六年，賜死，不得及嗣。		

遒 索隱 縣名，屬涿郡。音茲鳩反。	以匈奴王降侯，戶五千五百六十九。				中三年十二月丁丑，侯隆彊 索隱 遒侯李隆彊。 元年。不得隆彊嗣。		後元年四月甲辰，侯則坐使巫齊少君祠祝詛，大逆無道，國除。 集解 徐廣曰：「漢書云武後二年」。
容成 索隱 縣名，屬涿郡。	以匈奴王降侯，七百戶。				七 中三年十二月丁丑，侯唯徐盧 索隱 容成侯唯徐盧。 元年。	十四 建元元年，康侯綽元年。 二十二 元朔三年，侯光元年。	十八 後二年，三月壬辰，侯光坐祠祝詛，國除。
易 索隱 縣名，屬涿郡。	以匈奴王降侯。				六 中三年十二月丁丑 後二年，侯僕黥薨		

國名	侯功						
					，侯僕黥元年。 ，無嗣。		
范陽 索隱 縣名，屬涿郡。	以匈奴王降侯，戶千一百九十七。				七 中三年十二月丁丑，端侯代元年。索隱 范陽靖侯代。	七 元光二年，懷侯德元年。 二 元光四年，侯德薨，無後，國除。	
翕 索隱 漢表在內黃。	以匈奴王降侯。				七 中三年十二月丁丑，侯邯鄲元年。	九 元光四年，侯邯鄲坐行來不請長信，不敬，國除。	
亞谷 索隱 一作「惡父	以匈奴東胡王降，故燕王盧綰子侯，千五				二 中五年四 三 後元年，	十一 建元元年 二十五 元光六年	十五 征和二年七月辛巳，侯賀坐

」，漢表在河內。	百戶。				月丁巳，簡侯它父元年。索隱 簡侯他父。 安侯種元年。	康侯偏元年。 ，侯賀元年。	太子事，國除。
隆慮 索隱 隆慮。音林閭。縣名，屬河內。	以長公主嫖子侯，戶四千一百二十六。				五 中五年五月丁丑，侯蟜元年。集解 徐廣曰：「案本紀乃前五年，非中五年。」	二十四 元鼎元年，侯蟜坐母長公主薨未除服，姦，禽獸行，當死，自殺，國除。	
乘氏 索隱 縣名，屬濟陰。	以梁孝王子侯。				中五年五月丁卯， 中六年，侯買嗣為		

國名	侯功						
					侯買元年。梁王，國除。		
桓邑	以梁孝王子侯。				一 中五年五月丁卯，侯明元年。中六年，為濟川王，國除。		
蓋 索隱漢表在勃海。	以孝景后兄侯，戶二千八百九十。				五 中五年五月甲戌，靖侯王信元年。	二十 元狩三年，侯偃元年。八 元鼎五年，侯偃坐酎金，國除。	
塞	以御史大夫前將（軍）兵擊吳				三 後元年八月，	建 十二 元 十三 元	

	武安 索隱 縣名，屬魏郡。
楚功侯，戶千四十六。	以孝景后同母弟侯，戶八千二百一十四。
侯直不疑元年。	後三年三月，侯田蚡元年。 一
元四年，侯相如元年。 朔四年，侯堅元年。 鼎五年，堅坐酎金，國除。	九 元光四年，侯梧元年。 五 元朔三年，侯梧坐衣襜褕入宮廷中，不

	周陽 索隱 縣名，屬上郡。
	以孝景后同母弟侯，戶六千二十六。
	後三年三月，懿侯田勝元年。
	十一 元光六年，侯彭祖元年。
敬，國除。	八 元狩二年，侯彭祖坐當歸與章侯宅不與罪，國除。

右孝景時三十（一）

卷二十　建元以來侯者年表第八

太史公曰：匈奴絕和親，攻當路塞㈠；閩越擅伐㈡，東甌請降㈢。二夷交侵㈣，當盛漢之隆，以此知功臣受封侔於祖考矣。何者？自詩書稱三代「戎狄是膺㈤，荊荼是徵㈥」，齊桓越燕伐山戎㈦，武靈王以區區趙服單于，秦繆用百里霸西戎㈧，吳楚之君以諸侯役百越。況乃以中國一統，明天子在上，兼文武，席卷四海㈨，內輯億萬之眾㈩，豈以晏然不為邊境征伐哉㈩㈠！自是後，遂出師北討彊胡，南誅勁越，將卒以次封矣㈩㈡。

【註】㈠攻擊阻擋其前進之路的要塞。㈡閩越：漢高祖五年，立無諸為閩越王，王閩中故地，都於福建省之福州（東冶）。㈢孝惠帝三年，立搖為東海王，世稱為東甌王，都於浙江之溫州永嘉縣。武帝建元三年，閩越發兵圍東甌，東甌食盡，困，且降。故曰「東甌請降」。㈣二夷：指匈奴與閩越。㈤膺：當也，打擊，迎頭痛擊。㈥荊荼：即「荊舒」，荊，楚也。舒，楚之與國也。懲：阻止。懲罰。㈦山戎：春秋時夷國，亦曰北戎，居於今之河北遷安縣附近，常為齊、燕、鄭，諸國之患。㈧百里：百里傒，秦之賢相也。㈨席卷：即「席捲」。㈩輯：音集（ㄐㄧ），安集和睦。㈩㈠晏

然：懶惰苟安。言豈可以懶惰苟安，不為保衛邊疆而從事於征伐啊！㊂由於北討南誅的戰爭，有功之人，皆可以得封，於是將卒皆以次受封。王念孫曰：「卒當作率，率即『帥』字」。

建元以來侯者年表

國名	侯功	元光	元朔	元狩	元鼎	元封	太初已後
翕 索隱 音吸。案：漢表在內黃也。	匈奴相降，侯。元朔二年，屬車騎將軍，擊匈奴有功，益封。	三 四年七月壬午，侯趙信元年。	五 六年，侯信為前將軍擊匈奴，遇單于兵，敗，信降匈奴，國除。				
持裝 索隱 漢表作「轅」，在南陽也。	匈奴都尉降，侯。	六年後九月丙寅，侯樂元年。索隱 音岳。	六	六	元年，侯樂死，無後，國除。		
親陽 索隱 漢表在	匈奴相降，侯。		三 二年 五年				

舞（陽）陰也。			十月癸巳，侯月氏元年。 ，侯月氏坐亡斬，國除。				
若陽 索隱 表在平氏也。	匈奴相降，侯。		三 二年十月癸巳，侯猛元年。 五年，侯猛坐亡斬，國除。				
長平 索隱 地理志縣名，在汝南。	以元朔二年再以車騎將軍擊匈奴，取朔方、河南功侯。元朔五年，以大將軍擊匈奴，破右賢王，益封三千戶。		五 二年三月丙辰，烈侯衞青元年。集解 徐廣曰：「青以元封五年薨」。	六	六	六	太初元年，今侯伉元年。

平陵 索隱　表在武當。	以都尉從車騎將軍青擊匈奴功侯。以元朔五年，用游擊將軍從大將軍，益封。		五 二年三月丙辰，侯蘇建元年。	六	六 六年，侯建為右將軍，與翕侯信俱敗，獨身脫來歸，當斬，贖，國除。		
岸頭 索隱　表在皮氏。	以都尉從車騎將軍青擊匈奴功侯。元朔六年，從大將軍，益封。		五 二年六月壬辰，侯張次公元年。	元年，次公坐與淮南王女姦，及受財物罪，國除。			
平津 索隱　表在高城。	以丞相詔所褒侯。		四 (三)〔五〕年十一月乙丑，獻侯公孫弘元年。	二 四 三年，侯慶元年。	六	三 四年，侯慶坐為山陽太守有罪，國除。	

涉安	昌武 索隱 表在武陽。	襄城 索隱 漢表作「襄武侯乘龍」，不同也。案：韓嬰亦封襄城侯，地理志襄城在潁川，襄武在隴西也。
以匈奴單于太子降侯。	以匈奴王降侯。以昌武侯從驃騎將軍擊左賢王功，益封。	以匈奴相國降侯。
一 三年四月丙子，侯於單 索隱 音丹。 元年。 五月，卒，無後，國除。	三 四年（七）〔十〕月庚申，堅侯趙安稽元年。	三 四年（七）〔十〕月庚申，侯無龍元年。 集解 一云「乘龍」。
	六	六
	六	六
	一 二年，侯充國元年。 五	六
	太初元年，侯充國薨，亡後，國除。	一 太初二年，無龍從浞野侯戰死。 二 三年，侯病已元年。

南窌 集解　徐廣曰：「匹孝反」。索隱　徐廣曰：「匹孝反」。劉氏「普教反」。張揖「窌，空也」，纂文云「窌，虛大也」。茂陵中書云「南窌侯」，此本字也。衛青傳作「窌」。說文以為從穴，音柳宥反；從大，音疋孝反。	以騎將軍從大將軍青擊匈奴得王功侯。太初二年，以丞相封為葛繹侯。		二 五年四月丁未，侯公孫賀元年。	六	四 五年，賀坐酎金，國除，絕，(十)〔七〕歲。		十三 太初二年三月丁卯，封葛繹侯。征和二年，賀子敬聲有罪，國除。
合騎 索隱　表在高城也。	以護軍都尉三從大將軍擊匈奴，至右賢王		二 五年四月丁未，侯公孫敖元年。	一 二年，侯敖將兵擊匈奴			

	庭，得王功侯。元朔六年益封。			，與驃騎將軍期，後，畏懦，當斬，贖為庶人，國除。			
樂安 索隱 安樂表在昌，地理志昌縣在琅邪也。	以輕車將軍再從大將軍青擊匈奴得王功侯。		二 五年四月丁未，侯李蔡元年。	四 五年，侯蔡以丞相盜孝景園神道壖地罪，自殺，國除。			
龍頟 索隱 地理志縣名，屬平原。劉氏音額。崔浩音洛，又云「今河閒有龍頟村，與弓高相近。」	以都尉從大將軍青擊匈奴得王功侯。元鼎六年，以橫海將軍擊東越功，為案道侯。 索隱 漢表以龍頟、案道為二人封，非也。韋昭云案道屬齊也。		二 五年四月丁未，侯韓說元年。	六	四 五年，侯說坐酎金，國除。二歲復侯。	六 元年五月丁卯，案道侯說元年。	十三 征和二年，子長代，有罪，絕。子曾復封為龍頟侯。

國名	侯功		元朔	元狩			
隨成 索隱 表在千乘。	以校尉三從大將軍青擊匈奴，攻農吾，先登石累，索隱 累音壘，險阻地名。漢表作「亹」，音門。得王功侯。		二 五年四月乙卯，侯趙不虞元年。	三 三年，侯不虞坐為定襄都尉，匈奴敗太守，以聞非實（坐）謾，索隱 謂上聞天子狀不實，為謾，而國除。謾音木干反。國除。			
從平 索隱 表在樂昌邑。	以校尉三從大將軍青擊匈奴，至右賢王庭，數為鴈行上石山先登功侯。		二 五年四月乙卯，公孫戎奴元年。	一 二年，侯戎奴坐為上郡太守發兵擊匈奴，不以聞，謾，國除。			
涉軹 索隱 漢表軹	以校尉三從大將軍擊匈奴，		二 五年四月丁未	元年，侯朔有			

在西安，無「涉」字。地理志西安在齊郡。涉軹猶從驃然，皆當時意也，故上文有涉安侯。	至右賢王庭，得王，虜閼氏功侯。		，侯李朔元年。	罪，國除。			
宜春 索隱 志縣名，屬汝南。豫章亦有之。	以父大將軍青破右賢王功侯。		二 五年四月丁未，侯衞伉元年。	六	元年，侯伉坐矯制不害，國除。		
陰安 索隱 志縣名，屬魏。	以父大將軍青破右賢王功侯。		二 五年四月丁未，侯衞不疑元年。	六	四 五年，侯不疑坐酎金，國除。		
發干 索隱 志縣名，屬東郡。	以父大將軍青破右賢王功侯。		二 五年四月丁未，侯衞登元年。	六	四 五年，侯登坐酎金，國除。		

博望　索隱　志縣名，屬南陽。	以校尉從大將軍六年擊匈奴，知水道，及前使絕域大夏功侯。		六年三月甲辰，侯張騫元年。　一	一　二年，侯騫坐以將軍擊匈奴畏懦，當斬，贖，國除。			
冠軍　索隱　志縣名，屬南陽。	以嫖姚校尉再從大將軍，六年從大將軍擊匈奴，斬相國功侯。元狩二年，以驃騎將軍擊匈奴，至祁連，益封；迎渾邪王，益封；擊左右賢王，益封。		六年四月壬申，景桓侯霍去病元年。　一	六	元年，哀侯嬗元年。　六	元年，哀侯嬗薨，無後，國除。　集解　徐廣曰：「嬗字子侯，為武帝奉車。登封泰山，暴病死。」	
眾利　索隱　眾利，表在（陽城）（城陽）姑莫，後以封伊即軒也。	以上谷太守四從大將軍，六年擊匈奴，首虜千級以上功侯。		六年五月壬辰，侯郝賢　索隱　郝音呼惡反，又音釋。　元年。　一	一　二年，侯賢坐為上谷太守入戍卒財物上計謾罪，國除。			

潦 索隱 表在舞陽。	以匈奴趙王降，侯。			一 元年七月壬午，悼侯趙王煖呰 索隱 煖音況遠反。呰，即移反。 元年。 二年，煖呰死，無後，國除。			
宜冠 索隱 冠音官。表在昌也。	以校尉從驃騎將軍二年再出擊匈奴功侯。故匈奴歸義。			二 二年正月乙亥，侯高不識元年。 四年，不識擊匈奴，戰軍功增首			

				不以實，當斬，贖罪，國除。			
煇渠 索隱 鄉名。案：表在魯陽。煇，上下並音徽。	以校尉從驃騎將軍二年再出擊匈奴，得王功侯。以校尉從驃騎將軍二年虜五王功，益封。故匈奴歸義。			五 二年二月乙丑，忠侯僕多 索隱 漢表作「僕朋」。此云「僕多」與衛青傳同。元年。	三 四年，侯電元年。 三	六	四
從驃 索隱 以從驃騎得封，故曰從驃。後封浞野矣。	以司馬再從驃騎將軍數深入匈奴，得兩王子騎將功侯。以匈河將軍元封三年擊樓蘭功，復侯。			五 二年五月丁丑，侯趙破奴元年。	四 五年，侯破奴坐酎金，國除。	浞野四 三年，侯破奴元年。	一 二年，侯破奴以浚稽將軍擊匈奴，失軍，為虜所得，國除。

下麾 索隱 表在猗氏。麾音撝。	以匈奴王降侯。			二年六月乙亥，侯呼毒尼元年。五	四 五年，煬侯伊即軒元年。二	六	四
漯陰 索隱 表在平原。	以匈奴渾邪王將眾十萬降侯，萬戶。			二年七月壬午，定侯渾邪元年。四	元年，魏侯蘇元年。索隱 魏，謚；蘇，名。謚法「克捷行軍曰魏」也。六	五 五年，魏侯蘇薨，無後，國除。	
煇渠 索隱 韋昭云：「僕多所封則作『煇渠』，應庀所封則作『渾渠』。二者皆鄉名，在魯陽。今並作『煇』，誤也。」案：漢表及傳亦作「	以匈奴王降侯。			三年七月壬午，悼侯扁訾元年。索隱 漢表作「悼侯應庀」。庀讀必二反。扁，必顯反。訾，子移反。四	一 二年，侯扁訾死，無後，國除。		

煇」，孔文祥云：「同是元狩中封，則一邑分封二人也。」其義為得。							
河綦 索隱 表在濟南郡。	以匈奴右王與渾邪降侯。			四 三年七月壬午，康侯烏犂元年。索隱 漢書作「禽犂」。	二 三年，餘利鞮元年。 四	六	四
常樂 索隱 表在濟南。	以匈奴大當戶與渾邪降侯。			四 三年七月壬午，肥侯稠雕索隱 漢書衛青傳作「彫離」。元年。	六	六	二 太初三年，今侯廣漢元年。
符離 索隱 縣名，	以右北平太守從驃騎將軍四			三 四年六月丁卯	六	六	太初元年，侯

國名	侯功	元光	元朔	元狩	元鼎	元封	太初
屬沛郡。	年擊右王，將重會期，索隱 將重，將字上屬。重者，再也。會期，言再赴期。將，去聲。重，平聲。首虜二千七百人功侯。			，侯路博德元年。			路博德有罪，國除。
壯 索隱 表在東平。	以匈奴歸義（匈奴）因淳王從驃騎將軍四年擊左王，以少破多，捕虜二千一百人功侯。			三 四年六月丁卯，侯復陸支元年。	二 三年，今侯偃元年。 四	六	四
眾利 索隱 表在志闕。	以匈奴歸義樓剸王 索隱 剸音專。 從驃騎將軍四			三 四年六月丁卯，質侯伊即軒 索隱 軒，居言反。 元年。	六	五 六年，今侯當時元年。 一	四

	年擊右王，手自劍合功侯。索隱　手自劍，謂手刺其王而合戰，封。						
湘成　索隱　表在陽城。	以匈奴符離王降侯。			三　四年六月丁卯，侯敞屠洛元年。	四　五年，侯敞屠洛坐酎金，國除。		
義陽　索隱　表在平氏。	以北地都尉從驃騎將軍四年擊左王，得王功侯。			三　四年六月丁卯，侯衞山元年。	六	六	四
散　索隱　表在陽城。	以匈奴都尉降侯。			三　四年六月丁卯，侯董荼吾　索隱　劉氏荼音大姑反，蓋誤耳。今以其人名余吾，余吾，匈奴水名	六	六	二　太初三年，今侯安漢元年。　二

				也。元年。			
臧馬 索隱 表在朱虛。	以匈奴王降侯。			一 四年六月丁卯，康侯延年元年。 五年，侯延年死，不得置後，國除。			
周子南君 索隱 表在長社。	以周後紹封。				四年十一月丁卯，侯姬嘉元年。 三	三 四年君買元年。 三	四
樂通 索隱 韋昭云：「在臨淮高平」。	以方術侯。				一 四年四月乙巳，侯五利 五年，侯大有罪，斬，		

國名	侯功						
					將軍欒大元年。　國除。		
瞭　索隱　音遼。表在舞陽。	以匈奴歸義王降侯。				一　四年六月丙午，侯次公元年。　五年，侯次公坐酎金，國除。		
術陽　索隱　述陽，表在下邳。	以南越王兄越高昌侯。				一　四年，侯建德元年。　五年，侯建德有罪，國除。		
龍亢　索隱　晉灼云	以校尉摎（世）樂擊南越，				二　五年三月壬午	六　六年，侯廣德	

「龍，闕。」左傳「齊侯圍龍」，龍，魯邑。蕭該云「廣德所封土是龍，有『亢』者誤也。」	死事，子侯。索隱 摎，居虯反。				，侯廣德元年。	有罪誅，國除。	
成安 索隱 表在郟，志在陳留。	以校尉韓千秋擊南越死事，子侯。				二 五年三月壬子，侯延年元年。	六 六年，侯延年有罪，國除。	
昆 索隱 表在鉅鹿。	以屬國大且渠擊匈奴功侯。				二 五年五月戊戌，（昆）侯渠復累元年。索隱 樂彥累，力委反。顏師古音力追反。	六	四
騏 索隱 志屬河東，表在北屈。	以屬國騎擊匈奴，捕單于兄功侯。				二 五年（五）〔六〕月壬子，	六	四

					侯駒幾元年。集解　一云「騎幾」。		
梁期　索隱　志屬魏郡。	以屬國都尉五年間出擊匈奴，得復累絺縵等功侯。				二　五年七月辛巳，侯任破胡元年。	六	四
牧丘　索隱　表在平原。	以丞相及先人萬石積德謹行侯。				二　五年九月丁丑，恪侯石慶元年。	六	二　三年，侯德元年。　二
瞭　索隱　表在下邳。初以封次公，又封畢取。	以南越將降侯。				一　六年三月乙酉，侯畢取元年。	六	四
將梁　索隱　表、志闕。	以樓船將軍擊南越，椎鋒卻敵侯。				一　六年三月乙酉，侯楊僕元年。	三　四年，侯僕有罪，國除。	

安道 索隱 表在南陽。	以南越揭陽令聞漢兵至自定降侯。				一 六年三月乙酉，侯揭陽令〔史〕定元年。	六	四
隨桃 索隱 表在南陽。	以南越蒼梧王聞漢兵至降侯。				一 六年四月癸亥，侯趙光元年。	六	四
湘成 索隱 表在堵陽。	以南越桂林監聞漢兵破番禺，諭甌駱兵四十餘萬降侯。				一 六年五月壬申，侯監居翁索隱監，官也；居，姓；翁，字。元年。	六	四
海常 索隱 表在琅邪。	以伏波司馬捕得南越王建德功侯。				一 六年七月乙酉，莊侯蘇弘元年。	六	太初元年，侯弘死，無後，國除。
北石 索隱 漢表作	以故東越衍侯佐繇王斬餘善					六 元年正月壬午	三 太初四年，

「外石」，在濟南。	功侯。				，侯吳陽元年。	今侯首元年。
下鄜　索隱　漢表作「鄜」。	以故甌駱左將斬西于王功侯。				六　元年四月丁酉，侯左將黃同元年。　索隱　西南夷傳「甌駱將左黃同」，則「左」是姓，恐誤。漢表云「將黃同」，則「左將」是官不疑。	四
繚嫈　索隱　繚音「繚繞」之「繚」。嫈，案字林音乙耕反。西南夷傳音聊嫈。	以故校尉從橫海將軍說擊東越功侯。				一　元年五月（乙）〔巳〕卯，侯劉　二年，侯福有罪，國除。	

國名	侯功						
						福元年。	
繇兒 索隱 韋昭云：「在吳越界，今為鄉也。」	以軍卒斬東越徇北將軍功侯。					六 元年閏月癸卯，莊侯轅終古元年。集解 徐廣曰：「閏四月也。」	太初元年，終古死，無後，國除。
開陵 索隱 表在臨淮。	以故東越建成侯與繇王共斬東越王餘善功侯。					六 元年閏月癸卯，侯建成元年。	
臨蔡 索隱 表在河內。	以故南越郎聞漢兵破番禺，為伏波得南越相呂嘉功侯。					六 元年閏月癸卯，侯孫都元年。	
東成 索隱 表在九江。	以故東越繇王斬東越王餘善功侯，萬戶。					六 元年閏月癸卯，侯居服元年。	

無錫 索隱 表在會稽。	以東越將軍漢兵至弃軍降侯。					六 元年，侯多軍元年。	
涉都 索隱 涉多。表在南陽。	以父弃故南海守，漢兵至以城邑降，子侯。					六 元年中，侯嘉元年。	二 太初二年，侯嘉薨，無後，國除。
平州 索隱 表在梁父。	以朝鮮將漢兵至降侯。					一 三年四月丁卯，侯唊元年。四年，侯唊薨，無後，國除。集解 如淳曰：「唊音頰」。	
荻苴 索隱 音狄蛆	以朝鮮相漢兵					四 三年四月，侯	

。表在勃海。	至圍之降侯。					朝鮮相韓陰元年。	
澅清 索隱 表在齊。澅音獲，水名，在齊。又音乎卦反。	以朝鮮尼谿相使人殺其王右渠來降侯。					四 三年六月丙辰，侯朝鮮尼谿相（侯）參元年。	
騠茲 索隱 騠音啼。表在琅邪。	以小月氏若苴王 索隱 苴，子餘反。 將衆降侯。					三 四年十一月丁卯，侯稽谷姑元年。 索隱 稽滑姑。	太初元年，侯稽谷姑薨，無後，國除。
浩 索隱 表、志闕。	以故中郎將將兵捕得車師王功侯。					一 四年正月甲申，侯王恢元年。 四年四月，侯恢坐使酒泉矯制害	

軱讘

集解　徐廣曰：「在河東。軱音胡。讘，之涉反。」索隱　縣名。案：表在河東，志亦同。即狐字。

以小月氏王將眾千騎降侯。

二

四年正月乙酉，侯扜者元年。索隱　扜音烏，亦音汙。

一

六年，侯勝元年。

，當死，贖，國除。封凡三月。

四

幾 索隱 音機。表在河東。	涅陽 索隱 表在齊，志屬南陽。
以朝鮮王子漢兵圍朝鮮降侯。	以朝鮮相路人，漢兵至，首先降，道死，其子侯。
二 四年三月癸未，侯張路索隱 韋昭云：「路，姑洛反」。歸義元年。 六年，侯張路使朝鮮，謀反，死，國除。	三 四年三月壬寅，康侯子最元年。
	二 太初二年，侯最死，無後，國除。

	右太史公本表
當塗　索隱　表在九江。	魏不害，以圉守尉捕淮陽反者公孫勇等侯。
蒲　索隱　表在琅邪。	蘇昌，以圉尉史捕淮陽反者公孫勇等侯。
潦陽　索隱　潦音遼。表在清河。	江德，以園廄嗇夫共捕淮陽反者公孫勇等侯。
富民　索隱　表在蘄。	田千秋，家在長陵。以故高廟寢郎上書諫孝武曰：「子弄父兵，罪當笞。父子之怒，自古有之。蚩尤畔父，黃帝涉江。」上書至意，拜為大鴻臚。征和四年為丞相，封三千戶。至昭帝時病死，子順代立，為虎牙將軍，擊匈奴，不至質，誅死，國除。集解　漢書音義曰：「質，所期處也。」
	右孝武封國名

後進好事儒者褚先生曰：太史公記事盡於孝武之事，故復修記孝昭以來功臣侯者，編於左方，令後好事者得覽觀成敗長短絕世之適，得以自戒焉。當世之君子，行權合變，度時施宜，希世用事，以建功有土封侯，立名當世，豈不盛哉！觀其持滿

守成之道，皆不謙讓，驕蹇爭權，喜揚聲譽，知進不知退，終以殺身滅國。以三得之，及身失之，不能傳功於後世，令恩德流子孫，豈不悲哉！夫龍雒侯曾為前將軍，世俗順善，厚重謹信，不與政事，退讓愛人。其先起於晉六卿之世。有土君國以來，為王侯，子孫相承不絕，歷年經世，以至于今，凡百餘歲，豈可與功臣及身失之者同日而語之哉？悲夫，後世其誡之！

博陸		霍光，家在平陽。以兄驃騎將軍故貴。前事武帝，覺捕得侍中謀反者馬何羅等功侯，三千戶。集解　文穎曰：「博，廣；陸，平。取其嘉名，無此縣也。食邑北海河東。」瓚曰：「漁陽有博陸城也」。中輔幼主昭帝，為大將軍。謹信，用事擅治，尊為大司馬，益封邑萬戶。後事宣帝。歷事三主，天下信鄉之，益封二萬戶。子禹代立，謀反，族滅，國除。
秺	集解　漢書音義曰：「音妒。在濟陰成武，今有亭矣。」	金翁叔名日磾，以匈奴休屠王太子從渾邪王將眾五萬，降漢歸義，侍中，事武帝，覺捕侍中謀反者馬何羅等功侯，三千戶。中事昭帝，謹厚，益封三千戶。子弘代立，為奉車都尉，事宣帝。
安陽	索隱　表在蕩陰，志屬汝南。	上官桀，家在隴西。以善騎射從軍。稍貴，事武帝，為左將軍。覺捕斬侍中謀反者馬何羅弟重合侯通功侯，三千戶。中事昭帝，與大將軍霍光爭權，因以謀反，族滅，國除。

桑樂	索隱　表在千乘。	上官安。以父桀為將軍故貴，侍中，事昭帝。安女為昭帝夫人，立為皇后故侯，三千戶。驕蹇，與大將軍霍光爭權，因以父子謀反，族滅，國除。
富平	索隱　志屬平原。	張安世，家在杜陵。以故御史大夫張湯子武帝時給事尚書，為尚書令。事昭帝，謹厚習事，為光祿勳右將軍。輔政十三年，無適過，侯，三千戶。及事宣帝，代霍光為大司馬，用事，益封萬六千戶。子延壽代立，為太僕，侍中。
義陽	索隱　表在平氏。	傅介子，家在北地。以從軍為郎，為平樂監。昭帝時，刺殺外國王，天子下詔書曰：「平樂監傅介子使外國，殺樓蘭王，以直報怨，不煩師，有功，其以邑千三百戶封介子為義陽侯。」子厲代立，爭財相告，有罪，國除。
商利	索隱　表在徐郡。	王山，齊人也。故為丞相史，會騎將軍上官安謀反，山說安與俱入丞相，斬安。山以軍功為侯，三千戶。上書願治民，為代太守。為人所上書言，繫獄當死，會赦，出為庶人，國除。
建平	索隱　表在濟陽。	杜延年。以故御史大夫杜周子給事大將軍幕府，發覺謀反者騎將軍上官安等罪，封為侯，邑二千七百戶，拜為太僕。元年，出為西河太守。五鳳三年，入為御史大夫。
弋陽	索隱　志屬汝南。	任宮。以故上林尉捕格謀反者左將軍上官桀，殺之便門，封為侯，二千戶。後為太常，及行衞尉事。節儉謹信，以壽終，傳於子孫。
宜城	索隱　表在濟陰。	燕倉。以故大將軍幕府軍吏發謀反者騎將軍上官安罪有功，封侯，邑二千戶。為汝南太守，有能名。
宜春	索隱　志屬汝南。	王訢，家在齊。本小吏佐史，稍遷至右輔都尉。武帝數幸扶風郡，訢共置辦，拜為右扶風。至孝昭時，代桑弘羊為御史大夫。元鳳三年，代田千秋為丞相，封二千戶。立二年，為人所上書言暴，自殺，不殊。子代立，為屬國都尉。

安平　索隱　表在汝南，志屬涿郡。	楊敞，家在華陰。故給事大將軍幕府，稍遷至大司農，為御史大夫。元鳳六年，代王訢為丞相，封二千戶。立二年，病死。子賁代立，十三年病死。子翁君代立，為典屬國。三歲，以季父惲故出惡言，繫獄當死，得免，為庶人，國除。
	右孝昭時所封國名
陽平　索隱　志屬東郡。	蔡義，家在溫。故師受韓詩，為博士，給事大將軍幕府，為杜城門侯。入侍中，授昭帝韓詩，為御史大夫。是時年八十，衰老，常兩人扶持乃能行。然公卿大臣議，以為為人主師，當以為相。以元平元年代楊敞為丞相，封二千戶。病死，絕無後，國除。
扶陽　索隱　志屬沛郡，表在蕭。	韋賢，家在魯。通詩、禮、尚書，為博士，授魯大儒，入侍中，為昭帝師，遷為光祿大夫，大鴻臚，長信少府。以為人主師，本始三年代蔡義為丞相，封扶陽侯，千八百戶。為丞相五歲，多恩，不習吏事，免相就第，病死。子玄成代立，為太常。坐祠廟騎，奪爵，為關內侯。
平陵　索隱　表在武當。	范明友，家在隴西。以家世習外國事，使護西羌。事昭帝，拜為度遼將軍，擊烏桓功侯，二千戶。取霍光女為妻。地節四年，與諸霍子禹等謀反，族滅，國除。
營平　索隱　表在濟南。	趙充國。以隴西騎士從軍得官，侍中，事武帝。數將兵擊匈奴有功，為護軍都尉，侍中，事昭帝。昭帝崩，議立宣帝，決疑定策，以安宗廟功侯，封二千五百戶。
陽成　索隱　表在濟陰，非也。且濟陰有城陽縣耳，而潁川汝南又各有陽城縣，「城」字從「土」，在「陽」	田延年。以軍吏事昭帝；發覺上官桀謀反事，後留遲不得封，為大司農。本造廢昌邑王議立宣帝，決疑定策，以安宗廟功侯，二千七百戶。逢昭帝崩，方上事並急，因以盜都內錢三千萬。集解　漢書百官表曰：「司農屬官有都內」。發覺，自殺，國除。

之下，今此似誤，不可分別也。	
平丘　索隱　志屬陳留，表在肥城。	王遷，家在衞。索隱　一作「衙」，音牙。地理志衙縣在馮翊。為尚書郎，習刀筆之文。侍中，事昭帝。帝崩，立宣帝，決疑定策，以安宗廟功侯，二千戶。為光祿大夫，秩中二千石。坐受諸侯王金錢財，漏洩中事，誅死，國除。
樂成　索隱　表在平氏，志屬南陽。	霍山。山者，大將軍光兄子也。光未死時上書曰：「臣兄驃騎將軍去病從軍有功，病死，賜謚景桓侯，絕無後，臣光願以所封東武陽邑三千五百戶分與山。」天子許之，拜山為侯。後坐謀反，族滅，國除。
冠軍　索隱　志屬南陽。	霍雲。以大將軍兄驃騎將軍適孫為侯。地節三年，天子下詔書曰：「驃騎將軍去病擊匈奴有功，封為冠軍侯。薨卒，子侯代立，病死無後。春秋之義，善善及子孫，其以邑三千戶封雲為冠軍侯。」後坐謀反，族滅，國除。
平恩　索隱　志屬魏郡。	許廣漢，家昌邑。坐事下蠶室，獨有一女，嫁之。宣帝未立時，素與廣漢出入相通，卜相者言當大貴，以故廣漢施恩甚厚。地節三年，封為侯，邑三千戶。病死無後，國除。
昌水　索隱　表在於陵。	田廣明。故郎，為司馬，稍遷至南郡都尉、淮陽太守、鴻臚、左馮翊。昭帝崩，議廢昌邑王，立宣帝，決疑定策，以安宗廟。本始三年，封為侯，邑二千三百戶。為御史大夫。後為祁連將軍，擊匈奴，軍不至質，當死，自殺，國除。
高平　索隱　志屬臨淮。	魏相，家在濟陰。少學易，為府卒史，以賢良舉為茂陵令，遷河南太守。坐賊殺不辜，繫獄，當死，會赦，免為庶人。有詔守茂陵令，為揚州刺史，入為諫議大夫，復為河南太守，遷為大司農、御史大夫。地節三年，譖毀韋賢，代為丞相，封千五百戶。病死，長子賓代立，坐祠廟失侯。

博望 索隱 志屬南陽。	許中翁。集解 名舜。 以平恩侯許廣漢弟封為侯，邑二千戶。亦故有私恩，為長樂衞尉。死，子延年代立。
樂平	許翁孫。以平恩侯許廣漢少弟故為侯，封二千戶。拜為彊弩將軍，擊破西羌，還，更拜為大司馬、光祿勳。亦故有私恩，故得封。嗜酒好色，以早病死。子湯代立。
將陵	史子回。集解 名曾。 以宣帝大母家封為侯，二千六百戶，與平臺侯昆弟行也。子回妻宜君，故成王孫，嫉妒，絞殺侍婢四十餘人，盜斷婦人初產子臂膝以為媚道。為人所上書言，論弃市。子回以外家故，不失侯。
平臺 索隱 志屬常山。	史子叔。集解 名玄。 以宣帝大母家封為侯，二千五百戶。衞太子時，史氏內一女於太子，嫁一女魯王，今見魯王亦史氏外孫也。外家有親，以故貴，數得賞賜。
樂陵 索隱 志屬臨淮。平原亦有樂陵。	史子長。集解 名高。 以宣帝大母家貴，侍中，重厚忠信。以發覺霍氏謀反事，封三千五百戶。
博成 索隱 表在臨淮。	張章，父故潁川人，為長安亭長。失官，之北闕上書，寄宿霍氏第舍，臥馬櫪閒，夜聞養馬奴相與語，言諸霍氏子孫欲謀反狀，因上書告反，為侯，封三千戶。
都成 索隱 志屬潁川。	金安上，先故匈奴。以發覺故大將軍霍光子禹等謀反事有功，封侯，二千八百戶。安上者，奉車都尉秺侯從羣子。行謹善，退讓以自持，欲傳功德於子孫。
平通 索隱 表在博陽。	楊惲，家在華陰，故丞相楊敞少子，任為郎。好士，自喜知人，居眾人中常與人顏色，以故高昌侯董忠引與屏語，言霍氏謀反狀，共發覺告反侯，二千戶，為光祿勳。到五鳳四年，作為妖言，大逆罪腰斬，國除。

高昌 索隱 志屬千乘。	董忠，父故潁川陽翟人，以習書詣長安。忠有材力，能騎射，用短兵，給事期門。集解 漢書東方朔傳曰：「武帝微行，出與侍中常侍武騎及 待詔隴西北地良家子能騎射者期諸殿門，故有『期門』之號。」與張章相習知，章告語忠霍禹謀反狀，忠以語常侍騎郎楊惲，共發覺告反，侯，二千戶。今為梟騎都尉，侍中。坐祠宗廟乘小車，奪百戶。
爰戚	趙成。索隱 漢表作「趙長平」。用發覺楚國事侯，二千三百戶。地節元年，楚王與廣陵王謀反，成發覺反狀，天子推恩廣德義，下詔書曰「無治廣陵王」，廣陵不變更。後復坐祝詛滅國，自殺，國除。今帝復立子為廣陵王。
酇	地節三年，天子下詔書曰：「朕聞漢之興，相國蕭何功第一，今絕無後，朕甚憐之，其以邑三千戶封蕭何玄孫建世為酇侯。」
平昌	王長君，集解 名無故。家在趙國，常山廣望邑人也。衞太子時，嫁太子家，為太子男史皇孫為配，生子男，絕不聞聲問，行且四十餘歲，至今元康元年中，詔徵，立以為侯，封五千戶。宣帝舅父也。
樂昌 索隱 表在汝南。	王稚君，集解 名武。家在趙國，常山廣望邑人也。以宣帝舅父外家封為侯，邑五千戶。平昌侯王長君弟也。
邛成 索隱 表在濟陰。	王奉光，家在房陵。以女立為宣帝皇后，故封千五百戶。言奉光初生時，夜見光其上，傳聞者以為當貴云。後果以女故為侯。
安遠 索隱 表在慎。	鄭吉，家在會稽。以卒伍起從軍為郎，使護將弛刑士田渠梨。會匈奴單于死，國亂，相攻，日逐王將眾來降漢，先使語吉，吉將吏卒數百人往迎之。眾頗有欲還者，斬殺其渠率，遂與俱入漢。以軍功侯，二千戶。

博陽 索隱 表在南頓。	邴吉，家在魯。本以治獄為御史屬，給事大將軍幕府。常施舊恩宣帝，遷為御史大夫，封侯，二千戶。神爵二年，代魏相為丞相。立五歲，病死。子翁孟代立，為將軍，侍中。甘露元年，坐祠宗廟不乘大車而騎至廟門，有罪，奪爵，為關內侯。
建成 索隱 表在沛。	黃霸，家在陽夏，以役使徙雲陽。以廉吏為河內守丞，遷為廷尉監，行丞相長史事。坐見知夏侯勝非詔書大不敬罪，久繫獄三歲，從勝學尚書。會赦，以賢良舉為揚州刺史，潁川太守。善化，男女異路，耕者讓畔，賜黃金百斤，秩中二千石。居潁川，入為太子太傅，遷御史大夫。五鳳三年，代邴吉為丞相。封千八百戶。
西平 索隱 表在臨淮。	于定國，家在東海。本以治獄給事為廷尉史，稍遷御史中丞。上書諫昌邑王，遷為光祿大夫，為廷尉。乃師受春秋，變道行化，謹厚愛人。遷為御史大夫，代黃霸為丞相。
	右孝宣時所封
陽平 索隱 表在東郡。	王稚君，集解 名傑。索隱 漢表名禁。家在魏郡。故丞相史。女為太子妃。太子立為帝，女為皇后，故侯，千二百戶。初元以來，方盛貴用事，游宦求官於京師者多得其力，未聞其有知略廣宣於國家也。

卷二十一　建元以來王子侯者年表第九

制詔御史：「諸侯王或欲推私恩分子弟邑者㈠，令各條上，朕且臨定其號名。」太史公曰：盛哉，天子之德！一人有慶，天下賴之。

【註】㈠這是和平的削弱諸侯王之辦法，以免再蹈景帝時以武力削權所導致之七國之亂。

建元以來王子侯者年表

國名	王子號	元光	元朔	元狩	元鼎	元封	太初
茲 索隱 表、志闕。	河閒獻王子。	二 五年正月壬子，侯劉明元年。	二 三年，侯明坐謀反殺人，弃市，國除。集解 徐廣曰：「一作『掠殺人，弃市』。」				

安成　索隱　表在豫章。	長沙定王子。	一　六年七月乙巳，思侯劉蒼元年。	六	六	六　元年，今侯自當元年。	六	四
宜春　索隱　表、志闕。	長沙定王子。	一　六年七月乙巳，侯劉成元年。	六	六	四　五年，侯成坐酎金，國除。		
句容　索隱　表在會稽。	長沙定王子。	一　六年七月乙巳，哀侯劉黨元年。	元年，哀侯黨薨，無後，國除。				
句陵　集解　徐廣曰：「一作『容陵』。」索隱　表、志闕。	長沙定王子。	一　六年七月乙巳，侯劉福元年。	六	六	四　五年，侯福坐酎金，國除。		
杏山　索隱　表、志闕。	楚安王子。	一　六年後九月壬戌，侯劉成元年。	六	六	四　五年，侯成坐酎金，國除。		

國名	王子號						
浮丘 索隱 表在沛。	楚安王子。	一 六年後九月壬戌，侯劉不審元年。	六	四 五年，侯霸元年。 二	四 五年，侯霸坐酎金，國除。		
廣戚 索隱 表、志闕。	魯共王子。		六 元年十(一)月丁酉，節侯劉擇元年。 集解 徐廣曰：「擇，一作『將』。」	六 元年，侯始元年。	四 五年，侯始坐酎金，國除。		
丹陽 索隱 丹陽。表在蕪湖。	江都易王子。		六 元年十二月甲辰，哀侯敢元年。	元狩元年，侯敢薨，無後，國除。			
盱台 索隱 表、志闕。	江都易王子。		六 元年十二月甲辰，侯劉象之元年。 索隱 表作「蒙之」。	六	四 五年，侯象之坐酎金，國除。		

湖孰 索隱 表在丹陽。	江都易王子。		六 元年正月丁（亥）〔卯〕，頃侯劉胥元年。索隱 表作「胥行」。	六	四 五年，今侯聖元年。二	六	四
秩陽 索隱 表作「秩陵」。	江都易王子。		六 元年正月丁卯，終侯劉漣元年。索隱 表名纏。	六	三 四年，終侯漣薨，無後，國除。		
睢陵 索隱 表作「淮陵」。	江都易王子。		六 元年正月丁卯，侯劉定國元年。	六	四 五年，侯定國坐酎金，國除。		
龍丘 索隱 表在琅邪。	江都易王子。		五 二年五月乙巳，侯劉代元年。	六	四 五年，侯代坐酎金，國除。		

張梁 索隱 表、志闕。	江都易王子。		五 二年五月乙巳，哀侯劉仁元年。	六	二 三年，今侯順元年。 四	六	四
劇 索隱 表、志闕。	菑川懿王子。		五 二年五月乙巳，原侯劉錯元年。	六	一 二年，孝侯廣昌元年。 五	六	四
壤 索隱 表、志闕。	菑川懿王子。		五 二年五月乙巳，夷侯劉高遂 索隱 劉高。 元年。	六	六 元年，今侯延元年。	六	四
平望 索隱 表、志闕。	菑川懿王子。		五 二年五月乙巳，夷侯劉賞元年。	二 三年，今侯楚人元年。 四	六	六	四
臨原 索隱 表作「臨眾」。	菑川懿王子。		五 二年五月乙巳，敬侯劉始昌元年。	六	六	六	四

國名	王子號		元朔	元狩	元鼎	元封	
葛魁 集解 徐廣曰：「葛，一作『莒』。」索隱 表、志闕，或鄉名。	菑川懿王子。		五 二年五月乙巳，節侯劉寬元年。	三 四年，(令)侯戚元年。 三	二 三年，侯戚坐殺人，弃市，國除。		
益都 索隱 表、志皆闕。	菑川懿王子。		五 二年五月乙巳，侯劉胡元年。	六	六	六	四
平酌 索隱 漢表作「平的」，志屬北海。	菑川懿王子。		五 二年五月乙巳，戴侯劉彊元年。	六	六 元年，思侯中時元年。	六	四
劇魁 索隱 志屬北海。	菑川懿王子。		五 二年五月乙巳，夷侯劉墨元年。	六	六	三 元年，侯昭元年。 四年，侯德元年。 三	四
壽梁 索隱 表在壽樂。	菑川懿王子。		五 二年五月乙巳	六	四 五年，侯守		

國名	王子號						
			，侯劉守元年。		坐酎金，國除。		
平度 索隱 志屬東萊。	菑川懿王子。		五 二年五月乙巳，侯劉衍元年。	六	六	六	四
宜成 索隱 表在平原。	菑川懿王子。		五 二年五月乙巳，康侯劉偃元年。	六	六 元年，侯福元年。	六	元年，侯福坐殺弟，弃市，國除。
臨朐 索隱 表在東海。	菑川懿王子。		五 二年五月乙巳，哀侯劉奴元年。	六	六	六	四
雷 索隱 表在東海。	城陽共王子。		五 二年五月甲戌，侯劉稀元年。	六	五 五年，侯稀坐酎金，國除。		
東莞 索隱 志屬琅邪。	城陽共王子。		三 二年　五年 五月　，侯				

			甲戌，侯劉吉元年。吉有痼疾，不朝，廢，國除。				
辟 索隱 表在東海。	城陽共王子。		三 二年五月甲戌，節侯劉壯元年。 二 五年，侯朋元年。	六	四 五年，侯朋坐酎金，國除。		
尉文 索隱 表在南郡。	趙敬肅王子。		五 二年六月甲午，節侯劉丙元年。	六 元年，侯犢元年。	四 五年，侯犢坐酎金，國除。		
封斯 索隱 志屬常山。	趙敬肅王子。		五 二年六月甲午，共侯劉胡陽元年。	六	六	六	二 三年，今侯如意元年。 二

榆丘 索隱　表、志皆闕。	趙敬肅王子。		五 二年六月甲午，侯劉壽福元年。	六	四 五年，侯壽福坐酎金，國除。		
襄嚵 索隱　韋昭云：「廣平縣」。嚵音仕咸反，又仕儉反。	趙敬肅王子。		五 二年六月甲午，侯劉建元年。	六	四 五年，侯建坐酎金，國除。		
邯會 索隱　屬魏郡。	趙敬肅王子。		五 二年六月甲午，侯劉仁元年。	六	六	六	四
朝 索隱　凡侯不言郡縣，皆表、志闕。	趙敬肅王子。		五 二年六月甲午，侯劉義元年。	六	二 三年，今侯祿元年。 四	六	四
東城 索隱　志屬九江。	趙敬肅王子。		五 二年六月甲午，侯劉遺元年。	六	元年，侯遺有罪，國除。		

陰城 索隱　表、志闕。	趙敬肅王子。		五 二年六月甲午，侯劉蒼元年。	六	六	元年，侯蒼有罪，國除。	
廣望 索隱　志屬涿郡。	中山靖王子。		五 二年六月甲午，侯劉安中元年。	六	六	六	四
將梁 索隱　表在涿郡。	中山靖王子。		五 二年六月甲午，侯劉朝平元年。	六	四 五年，侯朝平坐酎金，國除。		
新館 索隱　表在涿郡。	中山靖王子。		五 二年六月甲午，侯劉未央元年。	六	四 五年，侯未央坐酎金，國除。		
新處 索隱　表在涿郡。	中山靖王子。		五 二年六月甲午，侯劉嘉元年。	六	四 五年，侯嘉坐酎金，國除。		
陘城 索隱　表在涿	中山靖王子。		五 二年六月甲午	六	四 五年，侯貞		

郡，志屬中山。			，侯劉貞元年。		坐酎金，國除。		
蒲領 索隱 表在東海。	廣川惠王子。		四 三年十月癸酉，侯劉嘉元年。				
西熊 索隱 表、志闕。	廣川惠王子。		四 三年十月癸酉，侯劉明元年。				
棗彊 索隱 志屬清河。	廣川惠王子。		四 三年十月癸酉，侯劉晏元年。				
畢梁 索隱 表在魏郡。	廣川惠王子。		四 三年十月癸酉，侯劉嬰元年。	六	六	三 四年，侯嬰有罪，國除。	
房光 索隱 表在魏郡。	河間獻王子。		四 三年十月癸酉，侯劉殷元年。	六	元年，侯殷有罪，國除。		

距陽　索隱　表、志皆闕。	河閒獻王子。		四　三年十月癸酉，侯劉匄元年。	四　五年，侯渡元年。　二	四　五年，侯渡有罪，國除。		
蔞（安）　索隱　蔞音力俱反，漢表「蔞節侯」，無「安」字。節，謚也。	河閒獻王子。		四　三年十月癸酉，侯劉邈元年。	六	六	六　元年，今侯嬰元年。	四
阿武　索隱　表、志皆闕。	河閒獻王子。		四　三年十月癸酉，湣侯劉豫元年。	六	六	六	二　三年，今侯寬元年。　二
參戶　索隱　志屬勃海。	河閒獻王子。		四　三年十月癸酉，侯劉勉元年。	六	六	六	四
州鄉　索隱　志屬涿郡。	河閒獻王子。		四　三年十月癸酉，節侯劉禁元年。	六	六	五　六年，今侯惠元年。　一	四

國名	屬		元朔	元狩	元鼎		
成平 索隱 表在南皮。	河間獻王子。		四 三年十月癸酉，侯劉禮元年。	二 三年，侯禮有罪，國除。			
廣 索隱 表在勃海。	河間獻王子。		四 三年十月癸酉，侯劉順元年。	六	四 五年，侯順坐酎金，國除。		
蓋胥 索隱 漢志在太山，表在魏郡。	河間獻王子。		四 三年十月癸酉，侯劉讓元年。	六	四 五年，侯讓坐酎金，國除。		
陪安 索隱 表在魏郡。	濟北貞王子。		四 三年十月癸酉，康侯劉不害元年。	六	一 二年，哀侯秦客元年。 二 三年，侯秦客薨，無後，國除。		

榮簡 集解 徐廣曰：「一作『營簡』。」 索隱 漢表作「營關」，在茌平。	濟北貞王子。		四 三年十月癸酉，侯劉騫元年。	二 三年，侯騫有罪，國除。			
周堅 索隱 表、志皆闕。	濟北貞王子。		四 三年十月癸酉，侯劉何元年。	四 五年，侯當時元年。 二	四 五年，侯當時坐酎金，國除。		
安陽 索隱 表在平原。	濟北貞王子。		四 三年十月癸酉，侯劉桀元年。	六	六	六	四
五據 索隱 表在泰山。	濟北貞王子。		四 三年十月癸酉，侯劉臒丘元年。 索隱 臒丘，舊作䑋，音劬，劉氏音烏霍反。	六	四 五年，侯臒丘坐酎金，國除。		

國名							
富　索隱　表、志皆闕。	濟北貞王子。		四　三年十月癸酉，侯劉襲元年。	六	六	六	四
陪　索隱　倍表在平原。	濟北貞王子。		四　三年十月癸酉，繆侯劉明元年。	六	二　三年，侯邑元年。 二　五年，侯邑坐酎金，國除。		
叢　集解　徐廣曰：「一作『散』。」索隱　叢音緅。漢表作「菆」，在平原。今平原無菆縣，此例非一，蓋鄉名也。	濟北貞王子。		四　三年十月癸酉，侯劉信元年。	六	四　五年，侯信坐酎金，國除。		

平　索隱　志屬河南。	濟北貞王子。		四　三年十月癸酉，侯劉遂元年。	元年，侯遂有罪，國除。			
羽　索隱　志屬平原。	濟北貞王子。		四　三年十月癸酉，侯劉成元年。	六	六	六	四
胡母　索隱　表在泰山。	濟北貞王子。索隱　自陪安侯不害已下十一人是濟北貞王子，而漢表自安陽侯已下是濟北式王子，同是元朔三年十月封，恐因此誤也。		四　三年十月癸酉，侯劉楚元年。	六	四　五年，侯楚坐酎金，國除。		
離石　索隱　表在上黨，志屬西河。	代共王子。		四　三年正月壬戌，侯劉綰元年。	六	六	六	四

邵 索隱 表在山陽。	代共王子。		四 三年正月壬戌，侯劉慎元年。	六	六	六	四
利昌 索隱 昌利。志屬齊郡。	代共王子。		四 三年正月壬戌，侯劉嘉元年。	六	六	六	四
藺 索隱 志屬西河。	代共王子。		三年正月壬戌，侯劉憙元年。				
臨河 索隱 志屬朔方。	代共王子。		三年正月壬戌，侯劉賢元年。				
隰成 索隱 志屬西河。	代共王子。		三年正月壬戌，侯劉忠元年。				
土軍 索隱 志屬西河。	代共王子。		三年正月壬戌，侯劉郢客元年。		侯郢客坐與人妻姦，弃市。		

皋狼　索隱　表在臨淮。	代共王子。		三年正月壬戌，侯劉遷元年。				
千章　集解　徐廣曰：「一作『斥』。」　索隱　千章，表在平原。	代共王子。		三年正月壬戌，侯劉遇元年。				
博陽　索隱　志屬汝南。	齊孝王子。		四　三年三月乙卯，康侯劉就元年。	六	二　三年，侯終吉元年。 二　五年，侯終吉坐酎金，國除。		
寧陽　索隱　表在濟南。	魯共王子。		四　三年三月乙卯，節侯劉恢元年。	六	六	六	四

瑕丘　索隱　志屬山陽。	魯共王子。		四　三年三月乙卯，節侯劉貞元年。	六	六	六	四
公丘　索隱　志屬沛郡。	魯共王子。		四　三年三月乙卯，夷侯劉順元年。	六	六	六	四
郁狼　索隱　韋昭云：「屬魯」。志不載。狼音盧黨反，又音郎。	魯共王子。		四　三年三月乙卯，侯劉騎元年。	六	四　五年，侯騎坐酎金，國除。		
西昌	魯共王子。		四　三年三月乙卯，侯劉敬元年。	六	四　五年，侯敬坐酎金，國除。		
陘城　索隱　漢表作「陸地」為得	中山靖王子。		四　三年三月癸酉，侯劉義元年。	六	四　五年，侯義坐酎金，國除。		

。靖王子貞已封陘，二人不應重封。							
邯平　索隱　表在廣平。	趙敬肅王子。索隱　趙敬肅王子四人，以異年封，故別見於此。		四　三年四月庚辰，侯劉順元年。	六	四　五年，侯順坐酎金，國除。		
武始　索隱　表在魏。	趙敬肅王子。索隱　後立為趙王。		四　三年四月庚辰，侯劉昌元年。	六	六	六	四
象氏　索隱　韋昭云：「在鉅鹿」。	趙敬肅王子。		四　三年四月庚辰，節侯劉賀元年。	六	六	二　三年，思侯安德元年。四	四
易　索隱　一作「鄗」。志屬涿郡，表在鄗。			四　三年四月庚辰，安侯劉平元年。	六	六	四　五年，今侯種元年。二	四
洛陵　索隱　表作「	長沙定王子。		三　四年三月乙丑	一　二年，侯章			

路陵」，在南陽。			，侯劉章元年。	有罪，國除。			
攸輿 索隱 案：今長沙有攸縣，本名攸輿。漢表在南陽。	長沙定王子。		三 四年三月乙丑，侯劉則元年。	六	六	六	元年，侯則篡死罪，弃市，國除。
茶陵 索隱 表在桂陽，志屬長沙。	長沙定王子。		三 四年三月乙丑，侯劉欣元年。	六	一 二年，哀侯陽元年。 五	六	元年，侯陽薨，無後，國除。
建成 索隱 表在豫章。	長沙定王子。		三 四年二月乙丑，侯劉拾元年。	五 六年，侯拾坐不朝，不敬，國除。			
安眾 索隱 志屬南陽。	長沙定王子。		三 四年三月乙丑，康侯劉丹元年。	六	六	五 六年，今侯山拊元年。索隱 拊音趺。 一	四

葉 索隱 葉音攝。縣名，屬南陽。	長沙定王子。		三 四年三月乙丑，康侯劉嘉元年。	六	四 五年，侯嘉坐酎金，國除。		
利鄉	城陽共王子。		三 四年三月乙丑，康侯劉嬰元年。	二 三年，侯嬰有罪，國除。			
有利 索隱 表在東海。	城陽共王子。		三 四年三月乙丑，侯劉釘元年。	元年，侯釘坐遺淮南書稱臣，弃市，國除。			
東平 索隱 表在東海。	城陽共王子。		三 四年三月乙丑，侯劉慶元年。	二 三年，侯慶坐與姊妹姦，有罪，國除。			
運平 索隱 表在東海。	城陽共王子。		三 四年三月乙丑，侯劉訢元年。	六	四 五年，侯訢坐酎金，國除。		

國名	侯功						
山州　索隱　表、志闕。	城陽共王子。		三　四年三月乙丑，侯劉齒元年。	六	四　五年，侯齒坐酎金，國除。		
海常　索隱　表在琅邪。	城陽共王子。		三　四年三月乙丑，侯劉福元年。	六	四　五年，侯福坐酎金，國除。		
鈞丘　索隱　漢表作「騶丘」。	城陽共王子。		三　四年三月乙丑，侯劉憲元年。	三　四年，今侯執德元年。　三	六	六	四
南城　索隱　表、志闕。	城陽共王子。		三　四年三月乙丑，侯劉貞元年。	六	六	六	四
廣陵　集解　徐廣曰：「一作『陽』」。	城陽共王子。		三　四年三月乙丑，常侯劉表元年。　索隱　虒侯表	四　五年，侯成元年。　二	四　五年，侯成坐酎金，國除。		

			。晉灼曰：「虒音斯」。				
莊原　索隱　漢表作「杜原」。	城陽共王子。		三　四年三月乙丑，侯劉皋元年。	六	四　五年，侯皋坐酎金，國除。		
臨樂　索隱　韋昭云：「縣名，屬勃海。」	中山靖王子。		三　四年四月甲午，敦侯劉光元年。索隱　謚法：「善行不怠曰敦」。	六	六	五　六年，今侯建元年。　一	四
東野　索隱　表、志闕。	中山靖王子。		四年四月甲午，侯劉章元年。索隱　戴侯章。	六	六	六	四
高平　索隱　表在平原。	中山靖王子。		三　四年四月甲午，侯劉嘉元年。	六	四　五年，侯嘉坐酎金，國除。		

廣川	中山靖王子。		三 四年四月甲午，侯劉頗元年。	六	四 五年，侯頗坐酎金，國除。		
千鍾 集解 徐廣曰：「一作『重』。」 索隱 漢表作「重侯擔」，在平原。地理志有重丘也。	河閒獻王子。		三 四年四月甲午，侯劉搖元年。集解 一云「劉陰」。	一 二年，侯陰不使人為秋請，有罪，國除。			
披陽 索隱 蕭該披音皮，劉氏音皮彼反。志屬千乘也。	齊孝王子。		三 四年四月乙卯，敬侯劉燕元年。	六	四 五年，今侯隅元年。 二	六	四
定 索隱 定，地名。	齊孝王子。		三 四年四月乙卯，敬侯劉越元年。	六	三 四年，今侯德元年。 三	六	四

國名	王子號						
			索隱　敫侯越。敫，謚也。說文云：「敫讀如躍」。				
稻 索隱　志屬琅邪。	齊孝王子。		三　四年四月乙卯，夷侯劉定元年。	六	二　三年，今侯都陽元年。　四	六	四
山 索隱　表在勃海。	齊孝王子。		三　四年四月乙卯，侯劉國元年。	六	六	六	四
繁安 索隱　表、志闕。	齊孝王子。		三　四年四月乙卯，侯劉忠元年。索隱　夷侯忠。	六	六	六	三　四年，今侯壽元年。　一
柳 索隱　表、志闕。	齊孝王子。		三　四年四月乙卯，康侯劉陽元年。	六	三　四年，侯罷師元年。　三	四　五年，今侯自為元年。　二	四

國名	侯功						
雲　索隱　志屬琅邪。	齊孝王子。		三　四年四月乙卯，夷侯劉信元年。	六	五　六年，今侯歲發元年。　一	六	四
牟平　集解　徐廣曰：「一作『羊』。」索隱　志屬東萊。	齊孝王子。		三　四年四月乙卯，共侯劉渫元年。索隱　渫音薛。	二　三年，今侯奴元年。　四	六	六	四
柴　索隱　志屬泰山。	齊孝王子。		三　四年四月乙卯，原侯劉代元年。	六	六	六	四
柏陽　索隱　漢表作「暢」，在中山。	趙敬肅王子。		二　五年十一月辛酉，侯劉終古元年。	六	六	六	四
鄗　索隱　漢表作「敲」，音霍	趙敬肅王子。		二　五年十一月辛酉，侯劉延年	六	四　五年，侯延年坐酎金，國除		

國名	王子號						
。志屬常山郡。			元年。索隱 安侯。		。		
桑丘 索隱 表在深澤。	中山靖王子。		二 五年十一月辛酉，節侯劉洋元年。索隱 漢表名將夜。	六	三 四年，今侯德元年。 三	六	四
高丘 索隱 表、志闕。	中山靖王子。		二 五年三月癸酉，哀侯劉破胡元年。	六	元年，侯破胡薨，無後，國除。		
柳宿 索隱 表在涿郡。	中山靖王子。		二 五年三月癸酉，夷侯劉蓋元年。	二 三年，侯蘇元年。 四	四 五年，侯蘇坐酎金，國除。		
戎丘 索隱 表、志闕。	中山靖王子。		二 五年三月癸酉，侯劉讓元年。	六	四 五年，侯讓坐酎金，國除。		

樊輿 索隱 表、志闕。	中山靖王子。		二 五年三月癸酉，節侯劉條元年。	六	六	六	四
曲成 索隱 表在涿郡。	中山靖王子。		二 五年三月癸酉，侯劉萬歲元年。	六	四 五年，侯萬歲坐酎金，國除。		
安郭 索隱 表在涿郡。	中山靖王子。		二 五年三月癸酉，侯劉博元年。	六	六	六	四
安險 索隱 志屬中山。	中山靖王子。		二 五年三月癸酉，侯劉應元年。	六	四 五年，侯應坐酎金，國除。		
安遙 索隱 表作「安道」。	中山靖王子。		二 五年三月癸酉，侯劉恢元年。	六	四 五年，侯恢坐酎金，國除。		

夫夷	長沙定王子。		二　五年三月癸酉，敬侯劉義元年。	六	四　五年，今侯禹元年。六	六	四
舂陵　索隱　志屬南陽。	長沙定王子。		二　五年六月壬子，侯劉買元年。索隱　節侯。	六	六	六	四
都梁　索隱　志屬零陵。	長沙定王子。		二　五年六月壬子，敬侯劉遂元年。	六	元年，今侯係元年。六	六	四
洮陽　索隱　志屬零陵。洮音滔，又音道。	長沙定王子。		二　五年六月壬子，靖侯劉狗彘元年。索隱　漢表名將燕。	五　六年，侯狗彘薨，無後，國除。			
泉陵　索隱　志屬零陵。	長沙定王子。		二　五年六月壬子	六	六	六	四

			，節侯劉賢元年。			
終弋 索隱 表在汝南。	衡山王賜子。		一 六年四月丁丑，侯劉廣置元年。索隱 廣買。	六	四 五年，侯廣置坐酎金，國除。	
麥 索隱 表在琅邪。	城陽頃王子。			六 元年四月戊寅，侯劉昌元年。	四 五年，侯昌坐酎金，國除。	
鉅合 索隱 表在平原。	城陽頃王子。			六 元年四月戊寅，侯劉發元年。	四 五年，侯發坐酎金，國除。	
昌 索隱 志屬琅邪。	城陽頃王子。			六 元年四月戊寅，侯劉差元年。索隱 昌侯羌。	四 五年，侯差坐酎金，國除。	

蕢 索隱 蕢侯，音秘，又扶謂反。表在琅邪。	城陽頃王子。			六 元年四月戊寅，侯劉方元年。索隱 萬。	四 五年，侯方坐酎金，國除。		
雩殷 索隱 雩康侯澤。志屬琅邪。音呼、加二音。	城陽頃王子。			六 元年四月戊寅，康侯劉澤元年。	六		
石洛 索隱 表在琅邪。	城陽頃王子。			六 元年四月戊寅，侯劉敬元年 索隱 石洛侯敢。	六	六	四
扶滆 索隱 漢表作「挾術」，在琅邪。滆音浸。	城陽頃王子。			六 元年四月戊寅，侯劉昆吾元年。	六	六	四
挍 索隱 音効。	城陽頃王子。			六 元年四月戊寅	六	六	四

志闕。說者或以為琅邪被縣，恐不然也。				，侯劉霸元年。索隱　漢表名雲。城陽頃王子十九人，漢表二十人，有挾僖侯霸，疑此表脫。			
朸　索隱　音勒。朸縣屬平原。	城陽頃王子。			六　元年四月戊寅，侯劉讓元年。	六	六	四
父城　集解　徐廣曰：「一作『六城』。」索隱　志在遼西，表在東海。	城陽頃王子。			六　元年四月戊寅，侯劉光元年。	四　五年，侯光坐酎金，國除。		
庸　索隱　表在琅邪。	城陽頃王子。			六　元年四月戊寅，侯劉譚元年	六	六	四

國名	王子號						
（續）				索隱　漢表名餘。			
翟　索隱　表在東海。	城陽頃王子。			六　元年四月戊寅，侯劉壽元年。	四　五年，侯壽坐酎金，國除。		
鱣　索隱　表在襄賁。賁音肥。襄賁，縣名。	城陽頃王子。			六　元年四月戊寅，侯劉應元年。	四　五年，侯應坐酎金，國除。		
彭　索隱　表在東海。	城陽頃王子。			六　元年四月戊寅，侯劉偃元年。索隱　彭侯彊。	四　五年，侯偃坐酎金，國除。		
瓡　集解　徐廣曰：「一作『報』。」索隱　報侯。報，縣名，志	城陽頃王子。			六　元年四月戊寅，侯劉息元年。	六	六	四

屬北海，漢作「瓡」。節，謚也。韋昭以瓡為諸縶反。顏師古云「即『瓠』字也」。然此作「報」，徐廣云「又作『瓠』」也。							
盧水 索隱 盧音壚。志屬琅邪。	城陽頃王子。			六 元年四月戊寅，侯劉禹元年。	六	六	四
東淮 索隱 表在東海。	城陽頃王子。			六 元年四月戊寅，侯劉類元年。	四 五年，侯類坐酎金，國除。		
栒 索隱 栒音荀。表在東海。案志，栒在扶	城陽頃王子。			六 元年四月戊寅，侯劉買元年。	四 五年，侯買坐酎金，國除。		

國名	王子號						
風，與「栒」別也。				索隱　栒侯賢。			
涓　索隱　淯。音育也。表在東海。淯水在南陽，南陽有淯陽縣，疑表非也。	城陽頃王子。			六　元年四月戊寅，侯劉不疑元年。	四　五年，侯不疑坐酎金，國除。		
陸　索隱　表在壽光。	菑川靖王子。			六　元年四月戊寅，侯劉何元年。	六	六	四
廣饒　索隱　志屬齊郡。	菑川靖王子。			六　元年十月辛卯，康侯劉國元年。	六	六	四
缾　索隱　缾音萍。韋昭云：「古缾邑。音蒲	菑川靖王子。			六　元年十月辛卯，侯劉成元年。	六	六	四

經反」。志屬琅邪也。				索隱　敬侯成。			
俞閭	菑川靖王子。			六 元年十月辛卯，侯劉不害元年。 索隱　侯無害。	六	六	四
甘井 索隱　表在鉅鹿。	廣川穆王子。			六 元年十月乙酉，侯劉元元年。	六	六	四
襄陵 索隱　表在鉅鹿，志屬河東。	廣川穆王子。			六 元年十月乙酉，侯劉聖元年。	六	六	四
皋虞 索隱　志屬琅邪。	膠東康王子。				三 元年五月丙午，侯 三 四年，今侯處元年。	六	四

					劉建元年。		
魏其 索隱 志屬琅邪。	膠東康王子。				六 元年五月丙午，暢侯劉昌元年。	六	四
祝茲 索隱 案志，松茲在廬江，亦作「祝茲」。表在琅邪。劉氏云：「諸侯封名，史、漢表多有不同，不敢輒改。」今亦略檢表、志同異，以備多識也。	膠東康王子。				四 元年五月丙午，侯劉延元年。		

卷二十二　漢興以來將相名臣年表第十

漢興以來將相名臣年表

公元前	年	大事記 索隱 謂誅伐、封建、薨、叛。	相位 索隱 置立丞相、太尉、三公也。	將位 索隱 命將興師。	御史大夫位 索隱 亞相也。
206	高皇帝元年	春，沛公為漢王，之南鄭。秋，還定雍。	一 丞相蕭何守漢中。		御史大夫周苛守滎陽。
205	二	春，定塞、翟、魏、河南、韓、殷國。夏，伐項籍，至彭城。立太子。還據滎陽。	二 守關中。	一 太尉長安侯盧綰。	
204	三	魏豹反，使韓信別定魏。伐趙，楚圍我滎陽。	三	二	
203	四	使韓信別定齊及燕，太公自楚歸，與楚界洪渠。	四	三 周苛守滎陽，死。	御史大夫汾陰侯周昌。索隱 汾陰，縣，屬河東。
202	五	冬，破楚垓下，索隱 垓音陔，隄名，在洨縣。殺項	五 罷太尉官。	四 後九月，綰為燕王。	

		籍。春，王踐皇帝位定陶。索隱 在濟陰泲水之陽。入都關中。索隱 咸陽也。東函谷，南嶢武，西散關，北蕭關。在四關之中，故曰關中。用劉敬、張良計都之也。			
201	六	尊太公為太上皇。索隱 名執嘉，一名瑞。劉仲為代王。立大市。更命咸陽曰長安。索隱 案：上盧綰已封長安侯者，蓋當時別有長安君。	六 封為酇侯。索隱 音嵯，此在沛郡。後代音贊，在南陽也。張蒼為計相。索隱 計相，主天下書計及計吏。		
200	七	長樂宮成，自櫟陽徙長安。伐匈奴，匈奴圍我平城。	七		
199	八	擊韓信反虜於趙城。貫高作亂，明年覺，誅之。匈奴攻代王，代王弃國亡，廢為郃陽侯。索隱 郃音合。在馮翊，劉仲封也。	八		
198	九	未央宮成，置酒前殿，太上皇輦上坐，帝奉玉卮上	九 遷為相國。		御史大夫昌為趙丞相。

		壽，曰：「始常以臣不如仲力，今臣功孰與仲多？」太上皇笑，殿上稱萬歲。徙齊田，楚昭、屈、景于關中。			
197	十	太上皇崩。陳豨反代地。	十		御史大夫江邑侯趙堯。索隱　江邑食侯趙堯。江邑，漢志闕。
196	十一	誅淮陰、彭越。黥布反。	十一	周勃為太尉。攻代。後官省。	
195	十二	冬，擊布。還過沛。夏，上崩，（置）〔葬〕長陵。	十二		
194	孝惠元年	趙隱王如意死。始作長安城西北方。除諸侯丞相為相。	十三		
193	二	楚元王、齊悼惠王來朝。七月辛未，何薨。	十四 七月癸巳，齊相平陽侯曹參為相國。		
192	三	初作長安城。蜀湔氐反，索隱　湔音煎，氐音柢。蜀郡縣名。擊之。	二		

191	四	三月甲子，赦，無所復作。	三		
190	五	為高祖立廟於沛城成，置歌兒一百二十人。八月乙丑，參卒。	四		
189	六	七月，齊悼惠王薨。立太倉、西市。（八月赦齊）	一 十月（乙）〔己〕巳，安國侯王陵為右丞相。（十月己巳）曲逆侯陳平為左丞相。	堯抵罪。	廣阿侯任敖為御史大夫。 集解　徐廣曰：「漢書在高后元年」。
188	七	上崩。大臣用張辟彊計，呂氏權重，以呂台為呂王。立少帝。（己卯）〔九月辛巳〕，葬安陵。	二		
187	高后元年	王孝惠諸子。置孝悌力田。	三 十一月甲子，徙平為右丞相。辟陽侯審食其為左丞相。		
186	二	十二月呂王台薨，子嘉代立為呂王。行八銖錢。	四　平。 二　食其。		平陽侯曹窋為御史大夫。 集解　一本在六年。索隱　窋，竹律反。

西元	紀年	大事記	相位	將位	御史大夫位
185	三		五　三		
184	四	廢少帝，更立常山王弘為帝。	六　置太尉官。　四	一　絳侯周勃為太尉。	
183	五	八月，淮陽王薨，以其弟壺關侯武為淮陽王。令戍卒歲更。	七　五	二	
182	六	以呂產為呂王。四月丁酉，赦天下。晝昏。	八　六	三	
181	七	趙王幽死，以呂祿為趙王。梁王徙趙，自殺。	九　七	四	
180	八	七月，高后崩。九月，誅諸呂。後九月，代王至，踐皇帝位。後九月，食其免相。	十　七月辛巳，為帝太傅。九月（丙）〔壬〕戌，復為丞相。　八	五　隆慮侯竈（集解　徐廣曰：「姓周」。）為將軍，擊南越。	御史大夫蒼。
179	孝文元年	除收孥相坐律。立太子。賜民爵。	十一　十一月辛巳，平徙為左丞相。太尉絳侯周勃為右丞相。	六　勃為相，潁陰侯灌嬰為太尉。	

西元前	年	大事記	相位	將位	御史大夫位
178	二	除誹謗律。皇子武為代王，參為太原王，（勝）〔揖〕為梁王。十月，丞相平薨。	一　十一月乙亥，絳侯勃復為丞相。	一	
177	三	徙代王武 索隱 景帝子，後封梁。為淮陽王。上幸太原。濟北王反。匈奴大入上郡。以地盡與太原，太原更號代。十一月壬子，勃免相，之國。	一　十二月乙亥，太尉潁陰侯灌嬰為丞相。罷太尉官。	二　棘蒲侯陳武為大將軍，擊濟北。昌侯盧卿、共侯盧罷師、甯侯遬、深澤侯將夜 集解 徐廣曰：「遬姓魏，將夜姓趙。」 皆為將軍，屬武祁侯賀，將兵屯滎陽。	
176	四	十二月（乙）〔己〕巳，嬰卒。	一　正月甲午，御史大夫北平侯張蒼為丞相。	安丘侯張說為將軍，擊胡，出代。	關中侯申屠嘉為御史大夫。
175	五	除錢律，民得鑄錢。	二		
174	六	廢淮南王，遷嚴道，道死雍。 索隱 嚴道在蜀郡，雍在扶風。	三		
173	七	四月丙子，初置南陵。	四		

172	八	太僕汝陰侯滕公卒。索隱　汝陰侯，夏侯嬰也。為滕令，故曰滕公。	五		
171	九	溫室鐘自鳴。以芷陽鄉為霸陵。索隱　芷音止，又音昌改反。地理志有芷陽縣。名霸陵者，以霸水為名也。	六		御史大夫敬。
170	十	諸侯王皆至長安。	七		
169	十一	上幸代。地動。	八		
168	十二	河決東郡金隄。徙淮陽王為梁王。	九		
167	十三	除肉刑及田租稅律、戍卒令。	十		
166	十四	匈奴大入蕭關，發兵擊之，及屯長安旁。	十一	成侯董赤、內史欒布、昌侯盧卿、隆慮侯竈、甯侯遬皆為將軍，東陽侯張相如為大將軍，皆擊匈奴。中尉周舍、郎中令張武皆為將軍，屯長安旁。	

	大事記	相位	將位	御史大夫位
165 十五	黃龍見成紀。上始郊見雍五帝。	十二		
164 十六	上始〔郊〕見渭陽五帝。	十三		
163 後元年	新垣平詐言方士，覺，誅之。	十四		
162 二	匈奴和親。地動。八月戊辰，蒼免相。	十五 八月庚午，御史大夫申屠嘉為丞相，封故安侯。		御史大夫青。
161 三	置谷口邑。	二		
160 四		三		
159 五	上幸雍。	四		
158 六	匈奴三萬人入上郡，二萬人入雲中。	五	以中大夫令免為車騎將軍，軍飛狐；故楚相蘇意為將軍，軍句注；索隱　並如字。句，又音鉤。將軍張武屯北地；河內守周亞夫為將軍，軍細柳；宗正劉禮軍霸上；祝茲侯徐厲軍棘門：以備胡。數月，胡去，亦罷。	

157	156	155	154
七	孝景元年	二	三
六月己亥，孝文皇帝崩。(其年)丁未，太子立。民出臨三日葬霸陵。	立孝文皇帝廟，郡國為太宗廟。	立皇子德為河閒王，(閎)〔閼〕為臨江王，餘為淮陽王，非為汝南王，彭祖為廣川王，發為長沙王。四月中，孝文太后崩。嘉卒。	吳楚七國反，發兵擊，皆破之。皇子端為膠西王，勝為中山王。
六	七 置司徒官。	八 開封侯陶青為丞相。	二 置太尉官。
中尉亞夫為車騎將軍，郎中令張武為復土將軍，索隱　復音伏。屬國捍　索隱　戶幹反，亦作「悍」。徐廣曰：「姓徐，一名厲，即祝茲侯。」為將屯將軍。詹事戎奴為車騎將軍，侍太后。			中尉條侯周亞夫　索隱　脩侯周亞夫。脩音條。渤海有脩市縣，一作「條」。為太尉，擊吳楚；曲周侯酈寄為(大)將軍，擊趙；竇嬰為大將軍，屯滎陽；欒布為(大)將軍，擊齊。
		御史大夫錯。	

153	四	立太子。	三	二 太尉亞夫。	御史大夫蚡。
152	五	置陽陵邑。 丞相北平侯張蒼卒。	四	三	
151	六	徙廣川王彭祖為趙王。	五	四	御史大夫陽陵侯岑邁。
150	七	廢太子榮為臨江王。四月丁巳，膠東王立為太子。青罷相。	六月乙巳，太尉條侯亞夫為丞相。罷太尉官。	五 遷為丞相。	御史大夫舍。
149	中元年		二		
148	二	皇子越為廣川王，寄為膠東王。	三		
147	三	皇子乘為清河王。亞夫免相。	四 御史大夫桃侯劉舍為丞相。		御史大夫綰。
146	四	臨江王徵，自殺，葬藍田，燕數萬為銜土置冢上。	二		
145	五	皇子舜為常山王。	三		
144	六	梁孝王武薨。分梁為五國，王諸子：子買為梁王，	四		

年	大事記	相位	將位	御史大夫位
	明為濟川王，彭離為濟東王，定為山陽王，不識為濟陰王。			
143 後元年	五月，地動。七月乙巳，日蝕。舍免相。	五 八月壬辰，御史大夫建陵侯衛綰為丞相。		御史大夫不疑。
142 二		二	邁卒。六月丁丑，御史大夫岑。	
141 三	正月甲子，孝景〔皇帝〕崩。二月丙子，太子立。	三		
140 孝武建元元年 索隱 年之有號，始自武帝，自建元至後元凡十一號。	綰免相。	四 魏其侯竇嬰為丞相。置太尉。	武安侯田蚡為太尉。	御史大夫抵。集解 漢表云牛抵。
139 二	置茂陵。嬰免相。	二月乙未，太常柏至侯許昌為丞相。		御史大夫趙綰。索隱 代衛綰。

	138	137	136	135	134	133
	三	四	五	六	元光元年	二
	東甌王廣武侯望率其眾四萬餘人來降，處廬江郡。		行三分錢。集解　徐廣曰：「漢書云『半兩』。四分曰兩。」	正月，閩越王反。孝景太后崩。集解　徐廣曰：「景帝母竇氏」。昌免相。		帝初之雍，郊見五時。
蚡免太尉。罷太尉官。	二	三	四	五　六月癸巳，武安侯田蚡為丞相。	二	三
				青翟為太子太傅。		夏，御史大夫韓安國為護軍將軍，衞尉李廣為驍騎將軍，太僕公孫賀為輕車將軍，大行王恢為將屯將軍，太中大夫李息為材官將軍，篡單于馬邑，不合，誅恢。
		御史大夫青翟。索隱　姓莊。		御史大夫安國。		

	年	大事記	相位	將位	御史大夫位
132	三	五月丙子，（決河）〔河決〕于瓠子。	四		
131	四	十二月丁亥，地動蚡卒。	五 平棘侯薛澤為丞相。		御史大夫歐。
130	五	十月，族灌夫家，弃魏其侯市。	二		
129	六	南夷始置郵亭。	三	太中大夫衞青為車騎將軍，出上谷；衞尉李廣為驍騎將軍，出鴈門；大中大夫公孫敖為騎將軍，出代；太僕公孫賀為輕車將軍，出雲中：皆擊匈奴。	
128	元朔元年	衞夫人立為皇后。	四	車騎將軍青出雁門，擊匈奴。衞尉韓安國為將屯將軍，軍代，明年，屯漁陽卒。	
127	二		五	春，車騎將軍衞青出雲中，至高闕，取河南地。	
126	三	匈奴（敗）〔殺〕代太守友。集解　徐廣曰：「太守姓共，名友。」	六		御史大夫弘。

125	124	123	122
四	五	六	元狩元年
匈奴入定襄、代、上郡。	匈奴（敗）〔殺〕代都尉朱英。澤免相。		十月中，淮南王安、衡山王賜謀反，皆自殺，國除。
七	八　十一月乙丑，御史大夫公孫弘為丞相，封平津侯。	二	三
	春，長平侯衛青為大將軍，擊右賢。衛尉蘇建為游擊將軍，屬青。左內史李沮〔索隱〕音子如反。為強弩將軍，太僕賀為車騎將軍，代相李蔡為輕車將軍，岸頭侯張次公為將軍，大行息為將軍：皆屬大將軍，擊匈奴。	大將軍青再出定襄擊胡。合騎侯公孫敖為中將軍，太僕賀為左將軍，郎中令李廣為後將軍。翕侯趙信為前將軍，敗降匈奴。衛尉蘇建為右將軍，敗，身脫。左內史沮為彊弩將軍。皆屬青。	
			御史大夫蔡。

年	紀年	大事記	相位	將位	御史大夫位
121	二	匈奴入鴈門、代郡。江都王建反。膠東王子慶立為六安王。弘卒。	四　御史大夫樂安侯李蔡為丞相。	冠軍侯霍去病為驃騎將軍，擊胡，至祁連；合騎侯敖為將軍，出北地；博望侯張騫、郎中令李廣為將軍，出右北平。	御史大夫湯。
120	三	匈奴入右北平、定襄。	二		
119	四		三	大將軍青出定襄，郎中令李廣為前將軍，太僕公孫賀為左將軍，主爵趙食其為右將軍，平陽侯曹襄為後將軍：擊單于。	
118	五	蔡坐侵園堧，索隱　廟壖垣，而戀反。壖垣，外垣短牆也。自殺。	四　太子少傅武彊侯、莊青翟為丞相。		
117	六	四月乙巳，皇子閎為齊王，旦為燕王，胥為廣陵王。	二		
116	元鼎元年		三		
115	二	青翟有罪，自殺。	四　太子太傅高陵侯趙周為丞相。	湯有罪，自殺。	御史大夫慶。

	年	大事記	相位	將位	御史大夫位
114	三		二		
113	四	立常山憲王子平為真定王，商為泗水王。六月中，河東汾陰得寶鼎。	三		
112	五	三月中，南越相嘉反，殺其王及漢使者。八月，周坐酎金，自殺。十二月，東越反。	四 九月辛巳，御史大夫石慶為丞相，封牧丘侯。	衛尉路博德為伏波將軍，出桂陽；主爵楊僕為樓船將軍，出豫章：皆破南越。	
111	六		二	故龍頟侯韓說為橫海將軍，出會稽；樓船將軍楊僕出豫章；中尉王溫舒出會稽：皆破東越。	御史大夫式。索隱 卜式也。
110	元封元年		三		御史大夫寬。索隱 兒寬也。
109	二		四	秋，樓船將軍楊僕、左將軍荀彘出遼東，擊朝鮮。	
108	三		五		
107	四		六		
106	五		七		

	年	大事記	相位	將位	御史大夫位
105	六		八		
104	太初元年	改曆，以正月為歲首。索隱　始用夏正也。	九		
103	二	正月戊(申)〔寅〕，慶卒。	十　三月丁卯，太僕公孫賀為丞相，封葛繹侯。		
102	三		二		御史大夫延廣。
101	四		三		
100	天漢元年		四		御史大夫卿。索隱　王卿也。
99	二		五		
98	三		六		御史大夫周。索隱　杜周也。
97	四		七	春，貳師將軍李廣利出朔方，至余吾水上；游擊將軍韓說出五原；因杅索隱　音于。因杅，地名。將軍公孫敖：皆擊匈奴。	

	96	95	94
年	太始元年　集解　班固云：「司馬遷記事訖于天漢」，自此已後，後人所續。索隱　裴駰以為自天漢已後，後人所續，即褚先生所補也。後史所記，又無異呼，故今不討論也。	二	三
大事記			
相位	八	九	十
將位			
御史大夫位			御史大夫勝之。

	年	大事記	相位	將位	御史大夫位
93	四		十一		
92	征和元年	冬，賀坐為蠱死。	十二		
91	二	七年壬午，太子發兵，殺游擊將軍說、使者江充。六月，劉屈氂因蠱斬。	三月丁巳，涿郡太守劉屈氂為丞相，封彭城侯。		御史大夫成。
90	三		二	春，貳師將軍李廣利出朔方，以兵降胡。重合侯莽通出酒泉，御史大夫商丘成出河西，擊匈奴。	
89	四		六月丁巳，大鴻臚田千秋為丞相，封富民侯。		
88	後元元年		二		
87	二		三	二月己巳，光祿大夫霍光為大將軍，博陸侯；都尉金日磾為車騎將軍，秺侯；太僕安陽侯上官桀為大將軍。	
86	孝昭始元元年		四 九月，日磾卒。		

85	84	83	82	81	80	79	78	77	76	75
二	三	四	五	六	元鳳元年	二	三	四	五	六
								三月甲戌，千秋卒。	十二月庚戌，訢卒。	
五	六	七	八	九	十	十一	十二	三月乙丑，御史大夫王訢為丞相，封富春侯。	二	十一月乙丑，御史大夫楊敞為丞相，封安平侯。
		三月癸酉，衛尉王莽為左將軍，騎都尉上官安為車騎將軍。			九月庚午，光祿勳張安世為右將軍。		十二月庚寅，中郎將范明友為度遼將軍，擊烏丸。			九月庚寅，衛尉平陵侯范明友為度遼將軍，擊烏丸。
					御史大夫訢。			御史大夫楊敞。		

74	元平元年	敞卒。	九月戊戌，御史大夫蔡義為丞相，封陽平侯。	四月甲申，光祿大夫龍頟侯韓曾為前將軍。五月丁酉，水衡都尉趙充國為後將軍，右將軍張安世為車騎將軍。	御史大夫昌水侯田廣明。
73	孝宣本始元年		二		
72	二		三	七月庚寅，御史大夫田廣明為祁連將軍，龍頟侯韓曾為後將軍，營平侯趙充國為蒲類將軍，度遼將軍平陵侯范明友為雲中太守，富民侯田順為虎牙將軍：皆擊匈奴。	
71	三	三月戊子，皇后崩。六月乙丑，義薨。	六月甲辰，長信少府韋賢為丞相，封扶陽侯。田廣明、田順擊胡還，皆自殺。充國奪將軍印。		御史大夫魏相。
70	四	十月乙卯，立霍后。	二		
69	地節元年		三		

	年	大事記	相位	將位	御史大夫位
68	二		四 三月庚午，將軍光卒。	二月丁卯，侍中、中郎將霍禹為右將軍。	
67	三	立太子。 五月甲申，賢老，賜金百斤。	六月壬辰，御史大夫魏相為丞相，封高平侯。	七月，安世為大司馬、衞將軍。禹為大司馬。	御史大夫邴吉。
66	四		二 七月壬寅，禹腰斬。		
65	元康元年		三		
64	二		四		
63	三		五		
62	四		六 八月丙寅，安世卒。		
61	神爵元年	上郊甘泉太畤、汾陰后土。	七	四月，樂成侯許延壽為強弩將軍。後將軍充國擊羌。酒泉太守辛武賢為破羌將軍。韓曾為大司馬車騎將軍。	
60	二	上郊雍五畤。祋栩出寶璧玉器。	八		

59	三	三月，相卒。	四月戊戌，御史大夫邴吉為丞相，封博陽侯。		御史大夫望之。
58	四		二		
57	五鳳元年		三		
56	二		四 五月己丑，曾卒。	五月，延壽為大司馬、車騎將軍。	御史大夫霸。
55	三	正月，吉卒。	三月壬申，御史大夫黃霸為丞相，封建成侯。		御史大夫延年。
54	四		二		
53	甘露元年		三 三月丁未，延壽卒。		
52	二	赦殊死，賜高年及鰥寡孤獨帛，女子牛酒。	四		御史大夫定國。
51	三	三月己丑，霸薨。	七月丁巳，御史大夫于定國為丞相，封西平侯。		太僕陳萬年為御史大夫。
50	四		二		
49	黃龍元年		三	樂陵侯史子長為大司馬、車騎將軍。太子太傅蕭望之為前將軍。	

48	孝元初元元年		四		
47	二		五		
46	三		六	十二月，執金吾馮奉世為右將軍。	
45	四		七		
44	五		八	二月丁巳，平恩侯許嘉為左將軍。	中少府貢禹為御史大夫。十二月丁未，長信少府薛廣德為御史大夫。
43	永光元年	十月戊寅，定國免。	九 七月，子長免，就第。	九月，衞尉平昌侯王接為大司馬、車騎將軍。二月，廣德免。	七月，太子太傅韋玄成為御史大夫。
42	二	三月壬戌朔，日蝕。	二月丁酉，御史大夫韋玄成為丞相，封扶陽侯。丞相賢子。	七月，太常任千秋為奮武將軍，擊西羌；雲中太守韓次君為建威將軍，擊羌。後不行。	二月丁酉，右扶風鄭弘為御史大夫。
41	三		二	右將軍平恩侯許嘉為車騎將軍，侍中、光祿大夫樂昌侯王商為右將軍，右將軍馮奉世為左將軍。	

40	四		三		
39	五		四		
38	建昭元年		五		
37	二		六	弘免。	光祿勳匡衡為御史大夫。
36	三	六月甲辰，玄成薨。	七月癸亥，御史大夫匡衡為丞相，封樂安侯。		衞尉繁延壽為御史大夫。
35	四		二		
34	五		三		
33	竟寧元年		四	六月己未，衞尉楊平侯王鳳為大司馬、大將軍。延壽卒。	三月丙寅，太子少傅張譚為御史大夫。
32	孝成建始元年		五		
31	二		六		
30	三	十二月丁丑，衡免。	七　八月癸丑，遣光祿勳詔嘉上印綬免，賜金二百斤。三月甲申，右將軍樂昌侯	十月，右將軍樂昌侯王商為光祿大夫、右將軍，執金吾弋陽侯任千秋為右將軍。譚免。	廷尉尹忠為御史大夫

	年				
29	四		王商為右丞相。	任千秋為左將軍，長樂衞尉史丹為右將軍。十月己亥，尹忠自刺殺。	少府張忠為御史大夫。
28	河平元年		二		
27	二		三		
26	三		四	十月辛卯，史丹為左將軍，太僕平安侯王章為右將軍。	
25	四	四月壬寅，丞相商免。	六月丙午，諸吏散騎光祿大夫張禹為丞相。		
24	陽朔元年		二		
23	二		三	張忠卒。	六月，太僕王音為御史大夫。
22	三			九月甲子，御史大夫王音為車騎將軍。	十月乙卯，光祿勳于永為御史大夫。
21	四		七月乙丑，右將軍光祿勳平安侯王章卒。	閏月壬戌，永卒。	
20	鴻嘉元年	三月，禹卒。	四月庚辰，薛宣為丞相。		

史記今註　第二冊

主編◆中華文化復興運動推行委員會（國家文化總會）
國立編譯館中華叢書編審委員會
註者◆馬持盈
發行人◆王學哲
總編輯◆方鵬程
執行編輯◆葉幗英　吳素慧
校對◆趙蓓芬　徐平
美術設計◆吳郁婷

出版發行：臺灣商務印書館股份有限公司
臺北市重慶南路一段三十七號
電話：（02）2371-3712
讀者服務專線：0800056196
郵撥：0000165-1
網路書店：www.cptw.com.tw
E-mail：ecptw@cptw.com.tw
網址：www.cptw.com.tw

局版北市業字第 993 號
初版一刷：1979 年 7 月
二版一刷：2010 年 7 月
定價：新台幣 540 元

ISBN 978-957-05-2468-0（精裝）

史記今註／中華文化復興運動推行委員會（國家文化總會），國立編譯館中華叢書編審委員會主編；馬持盈註. --二版. --臺北市：臺灣商務，2010. 07
冊；　公分

ISBN 978-957-05-2468-0（第二冊：精裝）

1. 史記　2. 註釋

610.11　　99001276

《史記今註》

文復會（國家文化總會）、國立編譯館 主編

馬持盈 註

《史記》是中國歷史上蘊藏史學與文學薈萃的首部經典。由漢朝司馬遷撰，共一百三十卷。起自黃帝，訖漢武帝，分為本紀十二、表十、書八、世家三十、列傳七十。為二十四史之一，是我國第一部紀傳體的史書。

新版《古籍今註今譯》

儒家思想的首部經典

論語今註今譯 NT 350

王雲五◎主編 毛子水◎註譯

闡揚仁義、性善說的宏博經典

孟子今註今譯 NT 440

王雲五◎主編 史次耘◎註譯

大學之道，在明明德，在親民，在止於至善。

大學今註今譯 NT 200

王雲五◎主編 宋天正◎註譯 楊亮功◎校訂

孔門的最高哲學

中庸今註今譯 NT 230

王雲五◎主編 宋天正◎註譯 楊亮功◎校訂

溫柔敦厚，詩教也

詩經今註今譯 NT 580

王雲五◎主編 馬持盈◎註譯

古代政治思想、公文之彙

尚書今註今譯 NT 330

王雲五◎主編 屈萬里◎註譯

尋言觀象，中國文化最古老的智慧

周易今註今譯 NT 460

王雲五◎主編 南懷瑾 徐芹庭◎註譯

孔門後學共同宣說儒家思想的一部叢書

禮記今註今譯（二冊合售） NT 960

王雲五◎主編 王夢鷗◎註譯

歷史借鑑，文史匯聚

春秋左傳今註今譯（上） NT 650

王雲五◎主編 李宗侗◎註譯 葉慶炳◎校訂

春秋左傳今註今譯（中） NT 650

王雲五◎主編 李宗侗◎註譯 葉慶炳◎校訂

春秋左傳今註今譯（下） NT 650

王雲五◎主編 李宗侗◎註譯 葉慶炳◎校訂

春秋穀梁傳今註今譯 NT 650

薛安勤◎註譯

春秋公羊傳今註今譯 NT 650

文復會（國家文化總會）、國立編譯館◎主編

李宗侗◎註譯 葉慶炳◎校訂

讀者回函卡

感謝您對本館的支持，為加強對您的服務，請填妥此卡，免付郵資寄回，可隨時收到本館最新出版訊息，及享受各種優惠。

姓名：________________ 性別：□男 □女

出生日期：______年______月______日

職業：□學生 □公務(含軍警) □家管 □服務 □金融 □製造 □資訊 □大眾傳播 □自由業 □濃漁牧 □退休 □其他

學歷：□高中以下（含高中）□大專 □研究所（含以上）

地址：

____

____

電話：(H) ____________ (O) ____________

E-mail：________________

購買書名：________________

您從何處得知本書？

□網路 □DM廣告 □報紙廣告 □報紙專欄 □傳單

□書店 □親友介紹 □電視廣播 □雜誌廣告 □其他

您喜歡閱讀哪一類別的書籍？

□哲學・宗教 □藝術・心靈 □人文・科普 □商業・投資

□社會・文化 □親子・學習 □生活・休閒 □醫學・養生

□文學・小說 □歷史・傳記

您對本書的意見？（A/滿意 B/尚可 C/須改進）

內容 ______ 編輯______ 校對______ 翻譯______

封面設計______ 價格______ 其他______

您的建議：________________

____

※ 歡迎您隨時至本館網路書店發表書評及留下任何意見

臺灣商務印書館 The Commercial Press, Ltd.

台北市100重慶南路一段三十七號 電話：(02)23115538

讀者服務專線：0800056196 傳真：(02)23710274

郵撥：0000165-1號 E-mail：ecptw@cptw.com.tw

網路書店網址：www.cptw.com.tw 部落格：http://blog.yam.com/ecptw

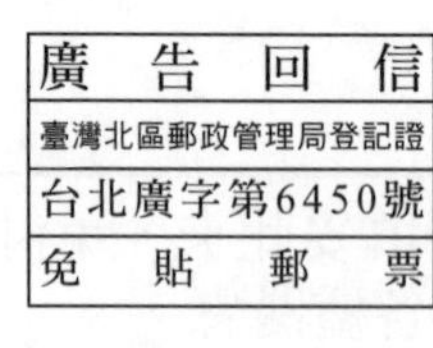

100台北市重慶南路一段37號

臺灣商務印書館 收

對摺寄回，謝謝！

傳統現代 並翼而翔

Flying with the wings of tradtion and modernity.